AF340877

YTh
19963

OHÉ!
LES P'TITS AGNEAUX!

Revue de l'année 1857, mêlée de chants et de danses, en trois actes et dix tableaux précédés d'un prologue,

PAR

MM. Th. COGNIARD et CLAIRVILLE

MUSIQUE NOUVELLE DE M. J. NARGEOT

Représentée pour la première fois, à Paris, sur le théâtre des VARIÉTÉS, le 19 décembre 1857.

PARIS

MICHEL LÉVY FRÈRES, LIBRAIRES-ÉDITEURS

RUE VIVIENNE, 2 BIS

—

1857

— Représentation, reproduction et traduction réservées. —

PERSONNAGES DU PREMIER ACTE.

Prologue.

UN MONSIEUR......................	MM. Ch. Potier.
LE CHEF D'ORCHESTRE..............	Raynard.
UN TITI..........................	Colbrun.

Premier Tableau.

M. OUF............................	MM. Leclère.
PREMIER COURRIER.................	Thierry.
DEUXIÈME COURRIER................	Bazin.
TROISIÈME COURRIER...............	Chénier.
QUATRIÈME COURRIER...............	Candeilh.
UN MONSIEUR......................	Al. Michel.
RIQUIQUI.........................	Mlles Alphonsine.
FRISETTE.........................	Gennetier.
MERLUCHE.........................	Félicie.
TRINETTE.........................	Madeleine.
LES BAINS DE HOMBOURG............	Suzanne.
LES BAINS DE SPA.................	Dahmen.
LES BAINS DE TROUVILLE...........	De Géraudon.
LES BAINS D'ÉTRETAT..............	Rose Deschamps.
QUATRE GARÇONS...................	
SIX PÊCHEUSES DE MOULES..........	

Deuxième et troisième Tableaux.

M. OUF............................	MM. Leclère.
UN MARCHAND DE PARAPLUIES.......	Blondelet.
UN MARCHAND DE COCO.............	Delière.
UN LIMONADIER...................	Al. Michel.
LE GAZON........................	F. Heuzey.
LE PÈRE LATREILLE...............	Ambroise.
RIQUIQUI........................	Mlles Alphonsine.
LA CHALEUR......................	J. Feretra.
SIX DIRECTEURS DE THÉATRES.....	
CINQ GARÇONS DE CAFÉ...........	
VENDANGEURS ET VENDANGEUSES.	

OHÉ! LES P'TITS AGNEAUX!

PROLOGUE.

Dans la salle.

(Au milieu de l'ouverture, un monsieur se lève au balcon de gauche et interpelle le chef d'orchestre.)

LE MONSIEUR.

Pardon, M. Nargeot! M. Nargeot!

LE CHEF D'ORCHESTRE.

Qui m'appelle?

LE MONSIEUR.

Mille pardons, Monsieur, si j'interromps votre ouverture...
Serait-ce l'ouverture de la revue que vous jouez là?

LE CHEF D'ORCHESTRE.

Oui, Monsieur.

LE MONSIEUR.

Comment est-il possible, M. Nargeot, qu'un homme raison-
nable et de votre mérite se décide à jouer tous les ans la même
ouverture de la même revue, des mêmes auteurs, sur le même
théâtre et devant le même public.

LE CHEF D'ORCHESTRE.

Permettez, ce que vous me demandez là...

LE MONSIEUR.

C'est pitoyable, Monsieur!

LE CHEF D'ORCHESTRE.

Mais, Monsieur, ce n'est pas mon affaire, je suis chef d'orchestre.

LE MONSIEUR.

Comprend-on qu'on fasse encore des revues en 1858! un genre
usé, vieux, rebattu!

LE CHEF D'ORCHESTRE.

Eh! Monsieur, pourquoi, après tout, venez-vous voir une revue si vous n'aimez pas ça?

LE MONSIEUR.

Parbleu! Monsieur, vous savez bien qu'il faut voir ces ma-
chines-là quand même : j'ai une portière qui ne m'ouvrirait
pas passé minuit, si je ne lui racontais la revue des Variétés;
j'ai un sergent major qui me ferait monter des gardes hors de
tour, si je ne lui chantais pas les couplets de M. Ambroise. Et
mon chef de bureau me sourit quand je lui redis les calembours de M. Lassagne; enfin, Monsieur, j'ai une femme qui est
folle des revues, et naturellement je viens les voir avant elle;

pour savoir si je puis l'y conduire; car, Dieu merci, à votre
dernière revue, j'ai eu assez de désagréments!.. ma femme a
rêvé, pendant un mois, de M. Leclère en amour!

LE CHEF D'ORCHESTRE.

Vous m'en direz tant!

LE MONSIEUR.

Est-ce assez désagréable cela! hein? Encore si vous trouviez
quelque chose de neuf, quelque forme nouvelle... ah! bien
oui!... on sait toujours par cœur, à l'avance, ce que l'on va voir!
Tenez, voulez-vous que je vous raconte la revue que vous allez
jouer?

LE CHEF D'ORCHESTRE.

Gardez-vous en bien, Monsieur! si vous connaissez l'ouvrage,
pas d'indiscrétion, je vous en prie!

LE MONSIEUR.

Mais non, je ne le connais pas, je ne savais même pas hier
que vous dussiez jouer une revue, ce qui n'empêche pas que je
puis vous faire le plan de votre machine...

LE CHEF D'ORCHESTRE.

Notre machine! notre machine!

LE MONSIEUR.

Tenez! au premier acte, nous verrons un Monsieur qui s'appellera Gobe-Tout, ou Pomme de Terre Ier, ou Cascamèche, ou
Pied de Cheval, ou encore l'Amour comme M. Leclère : ce
Monsieur, pour se désennuyer ou pour toute autre raison, vou-
dra connaître les nouveautés parisiennes ; tout aussitôt, nous
verrons sortir d'une trappe un petit génie qui s'appellera la
Réclame, ou le Progrès, ou le Soleil, ou la Lune, peu importe!
Ce petit génie dira au compère : Tu veux connaître les nouveautés du jour, eh bien! suis moi à Paris, et, v'lan! le compère
le suivra... Vous, monsieur Nargeot, vous jouerez un petit air
nouveau de votre composition. (Il fredonne.)

> Allons à Paris,
> Filons à Paris.
> Tra, la, la, la, la! etc.

Et le rideau baissera là-dessus. Fin du premier acte.

LE CHEF D'ORCHESTRE.

Pourtant, Monsieur...

LE MONSIEUR.

Au second acte, le compère passera en revue les nouveautés,
les industries. Il fera des calembours qui ont déjà servi. On
chantera des couplets sur le caoutchouc, sur le chocolat espa-
gnol, les paletots, l'hôtel du Louvre, la tour Saint-Jacques, et
après une heure de bêtises plus ou moins spirituelles, le rideau
retombera sur un autre petit air de votre composition. (Fredonnant sur l'air : Ah! c'cadet là.)

> Ah! c'est charmant,
> Certainement.

Quelle superbe année!
Et cætera, et cætera.

Fin du second acte.

LE CHEF D'ORCHESTRE.

Monsieur, il est temps de vous faire observer que ce bavardage...

LE MONSIEUR.

Passons au troisième acte! Le compère épluche les théâtres; c'est toujours au dernier acte que vous vous occupez des théâtres; les auteurs de la revue choisissent volontiers ce moment pour éreinter leurs confrères qui le méritent peut-être, mais pas plus qu'eux. On imite M. Boccage, M. Lafferière, on dit gnouf! gnouf! comme M. Grassot, et le tout se termine par un grand vaudeville final comme celui-ci. (Chantant.)

> Aux mélodrames nouveaux
>   La foule s'arrête.   } *bis.*
> J'aime mieux les animaux :
>   Ça n'est pas si bête.

Cet air-là ou tout autre; chaque acteur chante son quatrain, on prend ses chapeaux pendant ce temps-là, et la farce est jouée! Voilà, mon pauvre monsieur Nargeot, l'histoire de la revue que nous voyons depuis vingt-cinq ans, que nous allons voir ce soir et que nous verrons encore l'année prochaine très-vraisemblablement.

LE CHEF D'ORCHESTRE.

Mais, Monsieur, ce que vous venez de dire là rend la revue impossible. Nous allons être obligés de rendre l'argent.

LE MONSIEUR.

Oh! que vous ne ferez pas cette folie-là, ce serait du nouveau.

LE CHEF D'ORCHESTRE.

Enfin, où voulez-vous en venir?..

LE MONSIEUR.

A ceci, Monsieur, que moi qui vous parle... j'avais fait une revue tout à fait nouvelle.

LE CHEF D'ORCHESTRE.

Ah! bon!.. ah! bien!..

LE MONSIEUR.

Pourquoi dites-vous : Ah! bon!.. ah! bien?.. Oui, Monsieur, tout à fait nouvelle... et que votre administration m'a refusée!.. une revue pourtant qui ne ressemblait à rien...

LE CHEF D'ORCHESTRE.

Si votre pièce ne ressemblait à rien!..

LE MONSIEUR.

A rien de ce qu'on a joué jusqu'à ce jour.

LE CHEF D'ORCHESTRE.

Vous êtes donc auteur?..

LE MONSIEUR.

Oui, Monsieur, j'écris dans le *Monte-Cristo*, journal de M. Alexandre Dumas, tout seul.

LE CHEF D'ORCHESTRE.

Comment, M. Alexandre Dumas écrit un journal pour lui tout seul?

LE MONSIEUR.

Non, à lui tout seul: c'est le Robinson du journalisme, et j'en suis le Vendredi; j'écris tous les samedis la bande du journal qui paraît le dimanche.

LE CHEF D'ORCHESTRE.

Ah! vous m'en direz tant.

LE MONSIEUR, tirant un grand rouleau de sa poche.

Voici ma revue, je vais vous en faire juge ainsi que ces Messieurs et ces dames... j'ai pris pour titre...

UN TITI du paradis chantant.

Ohé! les p'tits agneaux,
   Qu'est-ce qui cass' les verres?

LE MONSIEUR.

Ohé! Monsieur, là-haut!
   Voulez-vous vous taire?

LE TITI.

Qu'est-c' qui cass' les pots,
Les brocs, les p'tits, les gros,
   Les verres...

LE MONSIEUR.

Non, Monsieur, mon titre est plus distingué que ça, ma revue est intitulée *le Vase d'Or*, loterie en plusieurs tirages; elle commence en 1854 et se termine en... elle ne se termine pas... le dénoûment sera remis tous les ans à l'année prochaine.

LE TITI.

As-tu fini tes manières?

LE MONSIEUR.

Qu'est-ce que c'est?..

LE TITI.

En v'là un vieux pana.

LE MONSIEUR.

Un pana... quel est le galopin?..

LE TITI.

C'est moi, Guguste, tout près du *luste* : ça va bien, vot' coqueluche, et madame machin, vot' épouse, est-ce qu'elle écosse toujours des pois?..

LE MONSIEUR.

Oh!..

LE TITI.

Dites donc, y a déjà pas mal de temps que vous barbottez, mon canard... j' vous prie de rengaîner votre ours. J' suis venu ici pour entendre *les P'tits Agneaux*, la romance du jour, une romance que j'ai mise à la mode.

LE CHEF D'ORCHESTRE, montrant une lettre.

En vérité, Messieurs, ce qui arrive est sans exemple. Voici un mot que le directeur vient de me faire passer, et dont il me prie de vous donner connaissance.

LE MONSIEUR.

Un mot du directeur!.. Écoutons.

LE TITI.

Silence!..

LE CHEF D'ORCHESTRE, lisant.

« Mon cher M. Nargeot, ce qui vient d'arriver rendrait la revue impossible, si nos auteurs n'étaient vraiment des hommes prodigieux. Ils viennent à l'instant même de faire disparaître de leur pièce le compère et le génie... Je vous prie d'annoncer au public qu'il n'y aura pas de génie dans la revue, ni de compère. »

LE MONSIEUR.

Comment, pas de compère?.. une revue sans compère?..

LE TITI.

Silence!

LE CHEF D'ORCHESTRE.

De plus, la chanson des P'tits Agneaux ayant été chantée dans la salle, les auteurs viennent encore de faire le sacrifice de toutes les scènes de haute comédie, que leur avait inspirées cette chanson philosophique. Veuillez prévenir le public que, dans *les P'tits Agneaux*, il n'y aura pas de petits agneaux.

LE MONSIEUR.

Il n'y aura donc plus rien?..

LE TITI.

Silence! asseyez-vous dessus.

LE MONSIEUR.

Ce n'est pas à vous que je m'adresse, entendez-vous, méchant gamin...

LE TITI.

Est-il vilain!.. Il ressemble au dromadaire du Jardin des Plantes...

LE MONSIEUR, furieux.

Polisson!..

LE TITI.

Fâchons pas!.. pas de gros mots!.. ou gare les trognons de pommes!..

LE MONSIEUR.

Comment, drôle, tu te permettrais?..

LE TITI.

Non, je me gênerais!..

LE MONSIEUR.

Si tu avais cette audace!..

LE TITI.

Eh ben, après?

LE MONSIEUR.

Je t'en défie!

LE TITI, lui lançant une pomme.

En joue, feu!..

LE MONSIEUR.

Ouf!.. (Il a reçu la pomme dans la bouche; il en reste ébahi.)

LE TITI.

Touché!.. dans le four de campagne à Mossieu!

LE MONSIEUR.

C'est une indignité!.. une pomme crue!.. un peu plus haut, il m'abîmait le nez!.. Un commissaire!.. je demande un commissaire!.. Attends-moi, vil galopin, attends-moi!.. (Il sort.)

LE TITI.

Sous l'orme! filons!.. (Il sort en chantant.)

Ohé! les p'tits agneaux!

PREMIER TABLEAU.

Paris à la mer.

La mer au loin; à gauche, un café; à droite, une cage à poules; à gauche, une limousine et un chapeau de paille accrochés à un arbre.

SCÈNE PREMIÈRE.

MERLUCHE, TRINETTE, RIQUIQUI et SIX AUTRES PÊCHEUSES.

(Au lever du rideau elles sont toutes dans la mer, avec une petite hotte sur le dos et pêchent des moules.)

MERLUCHE, sur le bord de la mer.

Ohé!... les autres, vous en venez-vous-t'y?

TRINETTE.

Tiens, c'est vrai, que v'là la marée qui monte!... Viens-tu-t'en, Riquiqui?

RIQUIQUI, au milieu de l'eau.

Je le voudrais, mais j'ai un gros crabe qui me mord le mollet et qui ne veut point me lâcher.

MERLUCHE.

Gigote, il s'ensauvera.

RIQUIQUI, remuant la jambe.

Veux-tu me lâcher, vilaine bête, veux-tu me lâcher... Vlan! ah! enfin!

MERLUCHE, criant au dehors du côté de la mer en se faisant un porte-voix de sa main.

Ohé... par ici!.. les autres, par ici ! (Entrée de toutes les pêcheuses.)

CHOEUR.

Air : *Canotier, quel joli métier!*

Laissons les moules
Au rocher ;
Ohé!
Faut craindre les ampoules.
A quoi bon les en détacher?
Demain nous viendrons les chercher.
Ohé! ohé! (*bis.*)
Laissons la marée approcher.

RIQUIQUI.

Pêcher des moules.. ah! queu scie de métier! j'en ai plein le dos.

MERLUCHE.

Laisse-moi donc ! t'es point tant fâchée que ça d'en avoir plein t'on *n'hotte.*

RIQUIQUI.

Mon *n'hotte!* mon *n'hotte!* Eh ben ! oui, c'est justement mon *n'hotte* qui m'humilie... na !...

TRINETTE.

Bon ! encore tes idées de vaniteuse qui te repincent ?...

RIQUIQUI.

Eh ben ! pourquoi point ? Quand on n'est pas plus mal tournée qu'une autre, c'est-y pas enrageant de se mettre dans l'eau jusqu'à la ceinture pour ramasser quelques méchantes moules au caillou... Oh! les moules, je les z-hais! je les foule aux pieds.

MERLUCHE.

Ah ben, c'est bon ! apportez de la *crignoline* à mam'zelle Riquiqui, et plus vite que ça.

TOUTES, riant.

Ah ! ah ! ah ! ah !

RIQUIQUI.

Est-ce que vous croyez que ça ne m'irait point tout aussi bien qu'aux belles dames de Paris? Mais, sans me vanter, je peux aller de *dessans.*

Air : *Le beau Lycas.*

Parlez-moi de la crignoline,
Quand, par elle tout est doublé;
En la voyant, on s'imagine
Qu' c'est un log'ment très-bien meublé.
Mais c' qu'il promet, il ne l' tient guères,
Et j' dis qu' nous verrions, mes commères,
Moins de femm's s'en glorifier,

Si les galants, avant d' s'y fier,
Faisaient, comm' les propriétaires,
L'inventaire du mobilier.
          TOUTES.
S'ils f'saient comm' les propriétaires, etc.

          TRINETTE.
Le fait est qui y en a joliment qui, avant de se baigner, sont ben dodues, ben rondelettes!...
          RIQUIQUI.
Et quand on les voit sortir de l'eau... Oh! la, la! mes enfants!
          MERLUCHE.
C'est pas comme nous; v'là ce qu'on peut appeler un costume qui ne trompe personne!
          RIQUIQUI.
Ça ne trompe point, mais ça ne séduit point.
          TRINETTE.
On sait tout de suite à quoi s'en tenir...
          RIQUIQUI.
Oui, on sait tout de suite que c'est laid. Laissez-moi donc! Ça manque de genre, de frou frou, ça manque de tout.
          FRISETTE, au dehors.
Eh bien, c'est gentil! eh bien, c'est du propre! (Toutes vont voir à droite.)
          TRINETTE.
C'est Frisette, la blanchisseuse.
          MERLUCHE.
A qui en a-t-elle, et qu'est-ce qu'alle porte donc comme ça en l'air?... (Frisette entre par la droite.)

SCÈNE II.

LES MÊMES, FRISETTE, portant une robe à quatre volants au bout d'un grand bâton.

          FRISETTE, à la cantonade.
J' vous dis que votre grande dame n'est qu'une aventureuse... na!
          RIQUIQUI.
A qui que t'en as, Frisette, et pourquoi donc que tu portes ton linge au bout d'une gaule?
          FRISETTE.
J' porte ça comme ça, parce que c'est la mode de Paris.

          Air : *Tout ça passe en même temps.*

          Pour charmer les connaisseurs,
          Suivant la mode et les dates,
          On porta des rob's à cœur,

On porta des robes plates ;
On en porta de tout' sorte,
A la Vierge, à la Ninon...
Et maintenant ça se porte. .

TOUTES.

Ça se porte? (*bis*.)

RIQUIQUI.

Ça s' porte au bout d'un bâton.

MERLUCHE.

V'là des robes joliment portées tout de même !

FRISETTE.

Celle-là surtout... en voilà une pratique !

RIQUIQUI.

Est-ce qu'on t'a fait *faillite* ?...

FRISETTE.

Ni plus ni moins... celle à qui ça appartient vient de quitter Boulogne en me laissant sa jupe sans me laisser d'argent.

RIQUIQUI.

Mais elle vaut ben son prix, c'te robe... c'est-y joli... trente-six volants!... et dire qu'y a des femmes qui ont le bonheur de se fourrer là-dedans! Ah!

FRISETTE.

Quel soupir !

MERLUCHE.

C'est une toccade qu'elle a...

TRINETTE.

Elle ne rêve plus que jupes tuyautés.

FRISETTE.

Ah bah!...

RIQUIQUI, avec explosion.

Eh ben, oui! j' voudrais t-être mise avec une belle mise... Ne *furt-ce* que *cinque* minutes... je pourrais me dire, du moins: j'ai été pendant *cinque* minutes une dame de la haute.

FRISETTE.

Eh ben! si ça te fait tant plaisir, mets cette robe-là.

RIQUIQUI.

Hein ?... quoi? c'est pas une farce?... Vrai, tu consentirais?

FRISETTE.

Seulement ça ne peut pas se mettre sans deux ou trois jupes empesées.

RIQUIQUI.

Attends! j'ai une idée, et je tiens mon jupon! (Elle se débarrasse de sa hotte, et elle va prendre la cage à poulet.) V'là ce qui me faut.

TOUTES.

La cage aux poules?...

RIQUIQUI.

Air : *Ah! quel plaisir que la folie!*

Vite, allons, à ma toilette!
V'nez donner un p'tit coup d' main.

TOUTES.

Vite, il faut, à sa toilette
Donner un petit coup d' main.

RIQUIQUI.

Jamais cheux nous un' fillette
N'eût un jupon si rupin!

TOUTES.

Jamais cheux nous un' fillette
N'eût un jupon si rupin!
Ah! ah! ah! ah! ah! etc.

(Pendant ce couplet, on lui a passé la cage en guise de jupon.)

RIQUIQUI.

Maintenant la robe.

FRISETTE.

Hélas!
Cett' robe qui t'affriande,
Pour toi je la crois trop grande,
Elle va tomber trop bas.

RIQUIQUI.

Ah! ah!

TOUTES.

Ah! ah!

RIQUIQUI.

Tant mieux, si ça tomb' trop bas,
Attendu que j' n'ai pas d' bas.

REPRISE.

Vite, allons, à ma toilette,
V'nez donner un p'tit coup d' main, etc.

FRISETTE.

DEUXIÈME COUPLET.

Mais, pour compléter cela,
Il te faudrait un' basquine.

RIQUIQUI.

Donnez-moi la limousine
Que vous voyez pendre là.
Ah! ah!

(On la lui donne.)

TOUTES.

Ah! ah!

RIQUIQUI.

(Parlé.) Ah! mais, un instant... c'est trop long. (Elle déchire la limousine et la met.)

Suite de l'air.

C'est rayé, chacun croira
Que c'est un vrai mouzaia.

FRISETTE.

Pour terminer sa parure,
Passez-moi ce p'tit chapeau.

(Elle indique un chapeau de paille accroché à une branche d'arbre.)

TOUTES.

Pour terminer sa parure
Passons-lui ce p'tit chapeau.

RIQUIQUI, à qui on donne le chapeau.

Faut un' plume à la coiffure...
En v'là d'un effet nouveau.

(Elle prend une poignée de varech (algue marine), dans la hotte d'une de ses
compagnes et en orne le chapeau qu'elle pose sur sa tète.)

TOUTES.

Faut un' plume à sa coiffure,
En v'là d'un effet nouveau.
Ah! ah ! ah! ah!

(La toilette est finie, et Riquiqui se promène en se donnant des airs de grande
dame.)

TOUTES.

Est-elle gentille !

MERLUCHE.

On dirait d'une grande dame pour de vrai...

RIQUIQUI.

Ce n'est pas plus malin que ça.

M. OUF, en dehors, criant de toutes ses forces.

Il fait trop chaud !

TOUTES.

On vient.

M. OUF, de même.

Je déclare qu'il fait trop chaud.

MERLUCHE.

Allons, vous autres, à la soupe ! viens-tu-t'en Riquiqui.

RIQUIQUI.

Non... non, je reste dans le monde. (Toutes rient.)

TRINETTE.

Alors, Madâme...

MERLUCHE.

Nous avons l'honneur...

TOUTES, saluant comiquement.

Mâdâme!!! (Elles sortent en riant par la droite. M. Ouf entre par la
gauche.)

SCÈNE III.

MONSIEUR OUF, RIQUIQUI.

(Monsieur Ouf est vêtu de blanc des pieds à la tète : guêtres blanches, pantalon blanc, gilet idem, cravate idem, saute-en-barque en fil blanc.)

M. OUF, criant toujours.

C'est trop fort!... j'ai besoin de soulager ma poîtrine oppressée par trente-sept degrés centigrades !... j'ai besoin de crier à la nature entière : il fait trop chaud! sapristi, il fait trop chaud !

RIQUIQUI, à part.

C'est drôle, il me semble que j'ai vu ce Monsieur-là à la foire de Boulogne.

M. OUF, criant toujours.

Cette année est stupide! la comète aura dérangé le soleil, ou bien le Sénégal aura changé de place... trop chaud! trop chaud!

RIQUIQUI, allant à lui.

Oui, c'est lui! (A monsieur Ouf.) Ah! je vous reconnais, vous!

M. OUF.

Moi?... vous me?... ça m'étonne.

RIQUIQUI.

Je vous ai vu jouer dans une pièce de comédie à la foire... C'est vous qui faisiez le pierrot.

M. OUF.

Un pierrot! moi?..

RIQUIQUI.

M'avez-vous fait rire! mon Dieu, m'avez-vous fait rire! (Elle rit.)

M. OUF.

Mademoiselle, si c'est une plaisanterie, par la chaleur qu'il fait, elle est cruelle... Je suis rentier... et j'ai trop chaud... voilà ma position sociale.

RIQUIQUI.

Pardon, excuse, c'est votre costume tout blanc qui m'a trompée...

M. OUF.

Costume d'été tout fil, rien de plus léger, de plus nouveau et de moins cher...

Air : de Julie.

Pour vingt-cinq francs on a tout ce costume.

RIQUIQUI.

Mais si, voulant vous rafraîchir,
Vous le portez tous les jours, je présume
Que tous les jours vous le faites blanchir.

M. OUF.

Qu'importe, on peut, en homme sage,
Se dire, quand l'été finit,
Je n'ai payé que vingt-cinq francs d'habit...

RIQUIQUI.

Et deux cents francs de blanchissage.
Vous ajoutez aux vingt-cinq francs d'habit
Les deux cents francs de blanchissage.

M. OUF.

C'est assez juste ce que vous dites là... je trouverais même peut-être cela drôle, s'il faisait moins chaud... mais, vous com-

prenez... trente-sept degrés... (Il la lorgne. A part.) Oh! quel œil
fripon!... elle est fort jolie... (Haut.) Madame vient-elle aux bains
de mer pour sa santé ou pour son agrément?

RIQUIQUI, à part.

Bon! il me prend pour une vraie dame... (Haut.) Mais z-oui,
Monsieur, pour ma petite santé et pour mon petit agrément, je
flanotte... je flanotte... (Elle se donne des airs en passant à gauche.)

M. OUF, à part.

C'est une étrangère! (Haut.) Madame est-elle seule pour fla-
notter?

RIQUIQUI.

Oui, Monsieur, seule et unique.

M. OUF.

Si vous voulez m'accepter pour *cicerone*, pour *cavalcadour?*..

RIQUIQUI.

C'est que vous avez déjà bien chaud!

M. OUF.

Je ne sais, mais depuis que je vous ai rencontrée je me sens
tout rafraîchi, tout ragaillardi!... vous êtes pour moi le zéphyr,
la rosée!...

Air *des Zouaves* (J. NARGEOT).

Je respire, je suis heureux
Auprès de vous, belle étrangère ;
Il semble que dans mes cheveux
Se joue une brise légère.
Pourtant j'ai peur, malgré ce mieux ;
Le corps est frais, mais une flamme
A pé... pé... pé...

RIQUIQUI.

A pé... pé... pé...

M. OUF.

A pénétré jusqu'à mon âme.

ENSEMBLE.

A pé... pé... pé...
A né... né... né...

A pénétré jusqu'à { mon / son } âme.

M. OUF.

De grâce, Madame, veuillez prendre mon bras...

RIQUIQUI.

Certainement, Monsieur... (A part.) Ah! crelotte! et ma cage
à poules!

M. OUF.

Bon, je devine, c'est un jupon Malakoff que vous avez là...
Eh bien, votre main s'il vous plaît?

RIQUIQUI.

La v'là, da!

M. OUF, à part.

La v'là, da! c'est une Italienne.

RIQUIQUI, à part.

J'en tiens un!

M. OUF.

REPRISE.

A pé, pé, pé,

RIQUIQUI.

A pé, pé, pé,

M. OUF.

A pénétré jusqu'à mon âme.

ENSEMBLE.

A pé, pé, pé, etc.

(Ils sortent par le premier plan à droite. Entre alors par le fond, à droite, un
garçon qui se dirige vers le café en criant :)

LE GARÇON.

Les chroniqueurs!... les chroniqueurs de Paris!... chaud!
chaud!...

SCÈNE IV.

QUATRE COURRIERS, entrant l'un après l'autre, QUATRE GARÇONS,
puis UN MONSIEUR.

PREMIER COURRIER.

Garçon, une table, de l'encre et du papier! (Un garçon apporte
une petite table ronde, avec plumes, encre et papier, ainsi qu'un tabouret
qu'il place près de la table.)

DEUXIÈME COURRIER.

- Garçon, du papier, de l'encre et une table! (Deuxième garçon,
même jeu.)

TROISIÈME COURRIER.

Garçon, du papier, une table et de l'encre! (Troisième garçon,
même jeu.)

QUATRIÈME COURRIER.

Garçon, table, encre et papier! (Quatrième garçon, même jeu. — Les
garçons sortent.)

PREMIER COURRIER, s'asseyant devant sa table.

Vite! vite!...

DEUXIÈME COURRIER, de même.

Vivement!

TROISIÈME COURRIER, de même.

Presto!

QUATRIÈME COURRIER, de même.

Chaud! chaud! faisons notre chronique de Paris.

PREMIER COURRIER.

Voyons! il s'agit de charmer le lecteur... (Écrivant.) « J'arrive
« de Bade... j'ai avalé quarante verres d'eau et un bouillon à la
« roulette. Ici l'eau minérale n'est qu'un jeu... »

DEUXIÈME COURRIER, de même.

« Je suis à Boulogne, j'ai pris douze bains, je me porte comme
« un champignon... »

TROISIÈME COURRIER, de même.

« Je prends l'air sur la plage de Cabourg-Dives, belle plage,
« superbe plage, magnifique plage, qui enfoncera toutes les
« autres plages... »

QUATRIÈME COURRIER, de même.

« J'ai mangé six œufs à la coque en arrivant à Dieppe : les
« œufs y sont excellents et plus gros que ceux de Hombourg... »

PREMIER COURRIER.

« Bade, adorable séjour, où la vie se passe entre la rouge et
« la forêt noire. Salon de conversation, sans conversation. »

DEUXIÈME COURRIER.

« La jeune première du théâtre de Boulogne a daigné nous
« reconnaître... Charmante ville que Boulogne... je la reverrai...
« la jeune première... pas Boulogne. »

TROISIÈME COURRIER.

« A Cabourg, le premier notable de l'endroit m'a lu un nou-
« veau mélodrame de sa composition. On ne s'amuse pas tous
« les jours à Cabourg. »

QUATRIÈME COURRIER.

« A Dieppe, inauguration du nouveau Casino. J'étais avec
« Jules, Citrouillard, Lamiral... tout ce qui pense et qui écrit,
« tout ce qui a du cœur... On nous a accablés de... homards et
« de compliments... nous avons tout digéré. »

PREMIER COURRIER.

« La veille de mon départ j'ai rencontré le directeur de la
« maison de jeu, il m'a dit qu'il était *Benazet* de me voir. »

Air du *Major Palmes.*

« C'est à Bade qu'on m'attire. »

DEUXIÈME COURRIER.

« A Boulogne je fais loi. »

TROISIÈME COURRIER.

« A Cabourg, chacun m'admire. »

QUATRIÈME COURRIER.

« A Dieppe, on n'aime que moi. »

PREMIER COURRIER.

« J'ai toujours mes insomnies. »

DEUXIÈME COURRIER.

« J'ai l'estomac délicat. »

TROISIÈME COURRIER.

« J'adore les symphonies. »

QUATRIÈME COURRIER.

« J'exècre le chocolat. »

PREMIER COURRIER.

« De Rubens j'ai vu deux toiles. »

DEUXIÈME COURRIER.

« On attend l'acteur Félix. »

TROISIÈME COURRIER.

« J'ai vu monsieur Trois-Étoiles. »

QUATRIÈME COURRIER.

« J'ai rencontré madame X... »

PREMIER COURRIER.

« J'ai deux charmantes voisines. »

DEUXIÈME COURRIER.

« J'ai gagné sur le dix-neuf. »

TROISIÈME COURRIER.

« Je souffre de mes bottines. »

QUATRIÈME COURRIER.

« J'ai mis un pantalon neuf. »

PREMIER COURRIER, se levant, son papier à la main.

Chers amis, je suis des vôtres ;
Laissez-moi rire avec vous.

DEUXIÈME COURRIER, de même.

Sans dire un seul mot des autres,
Nous ne parlons que de nous.

TROISIÈME COURRIER, de même.

C'est en causant de Plombières,
Et de Bade et de Néris...

QUATRIÈME COURRIER, de même.

Que nous parvenons à faire
Nos chroniques de Paris !

TOUS.

Nos chroniques de Paris !

UN MONSIEUR, entrant par la droite.

Eh bien ! Messieurs, eh bien ! vous vous amusez à chanter des
couplets de facture, au lieu de m'envoyer de la copie pour le
journal !...

TOUS, s'inclinant.

Notre patron ! notre grand patron !

LE MONSIEUR.

Messieurs, l'esprit se relâche, le bon mot devient introu-
vable... on ne m'envoie plus que de vieux calembours, de vieux
rébus, de vieilles rocamboles, que le public n'avale qu'en faisant la grimace. Enfin, vous me réduisez à faire l'histoire du
bourreau et de la guillotine, y compris la toilette du condamné...
comme c'est gai !... (Riant.) Hé ! hé ! hé ! hé ! hé !

PREMIER COURRIER.

Ah ! dame, il n'est pas facile de trouver du neuf...

LE MONSIEUR.

J'en trouve pourtant, moi, Messieurs !... Nous sommes dans
une crise littéraire... j'y mets fin en créant les Dîners de l'esprit.

TOUS.

Des dîners ?...

LE MONSIEUR.

Oui, Messieurs, société d'encouragement pour l'amélioration

de l'esprit français, avec cette enseigne : Au Potage Intelligent!
Une grande idée, Messieurs!... une idée éclectique et gastrono-
mique...à la portée de tous les estomacs spirituels et qui digèrent.

QUATRIÈME COURRIER.

Et où dinera-t-on?...

LE MONSIEUR.

Chez Véfour... Je fais dresser une grande et une petite table.
Pour siéger à la grande, il faut être une illustration... il faut
enfoncer Rivarol, il faut posséder l'esprit de Piron, l'ingéniosité
de Montaigne et la bonne humeur de votre directeur. (Riant.)
Hé! hé! hé! hé! hé!

TOUS.

Bigre!

LE MONSIEUR.

A la petite table je relègue les esprits de seconde classe, les
vaudevillistes et les faiseurs de calembours par à peu près. Si
un convive de l'une ou de l'autre table dit une sottise, on l'envoie dîner à la cuisine!

TOUS.

Bravo!

LE MONSIEUR.

Et, comme il faut songer à tout, j'ai créé le Couvert de l'anglais pour celui qui aura l'esprit de ne pas faire de mots, mais
de payer vingt-cinq louis pour son écot. Nous mangerons du
poulet et c'est lui qui sera le bœuf.

PREMIER COURRIER.

C'est charmant!

DEUXIÈME COURRIER.

C'est une idée de génie!

LE MONSIEUR.

Je le crois, fichtre, bien!... elle est de moi.

QUATRIÈME COURRIER.

Permettez... permettez...

Air de l'Apothicaire

C'est merveilleux, sans contredit,
Mais je propose tout de suite
Que l'on mette les gens d'esprit
A la table la plus petite.
Car les imbéciles vont tous
D'être admis faire la demande...
Et pour eux où trouverez-vous
Jamais une place assez grande?

TOUS.

Si vous voulez les asseoir tous,
Prenez la table la plus grande.

LE MONSIEUR, au quatrième courrier.

Pas mauvais!.. pas mauvais!... Voici un cachet pour la grande
table... Dites-moi, vous n'êtes pas sans connaître quelques gens
d'esprit.

QUATRIÈME COURRIER.

Moi, je ne connais que des imbéciles.

LE MONSIEUR.

C'est égal, envoyez-les tout de même... on vendra de l'esprit à la porte. Bonjour, Messieurs, travaillez!.. travaillez!.. (Il sort par la droite.)

PREMIER COURRIER, s'essuyant le front.

Ah! quel métier!..

DEUXIÈME COURRIER, idem.

C'est à n'y pas tenir!

TROISIÈME COURRIER, idem.

Cette vie est un supplice!

QUATRIÈME COURRIER, de même.

C'est un enfer!

PREMIER COURRIER.

Voyager sans cesse dans des wagons de première classe... et gratis!

DEUXIÈME COURRIER.

Être cloîtré dans les plus beaux hôtels!

TROISIÈME COURRIER.

Se fatiguer le goût en se nourrissant des mets les plus délicats!

QUATRIÈME COURRIER.

Ajoutez à cela les bals, les chasses, les concerts!

PREMIER COURRIER, très-fort.

C'est atroce!

DEUXIÈME COURRIER, idem.

C'est abrutissant!

TROISIÈME COURRIER, de même.

C'est ignoble!..

QUATRIÈME COURRIER, à voix basse.

Laissez-moi donc, farceurs! c'est charmant!..

Air : *J'en guette un petit de mon âge.*

Entre nous c'est fort agréable,
C'est un métier facile et lucratif;
Mais écrivons que c'est épouvantable,
Que ce labeur donne un mal excessif.
Nous savons bien quels plaisirs sont les nôtres;
Mais ces plaisirs on peut les envier :
Plaignons-nous donc de ce charmant métier,
Afin d'en dégoûter les autres.

TOUS.

Sachons en dégoûter les autres.

(Ici l'on entend une ritournelle fantastique au loin. — Musique mystérieuse et féerique.)

PREMIER COURRIER.

Écoutez!

DEUXIÈME COURRIER.

Ce bruit...

TROISIÈME COURRIER.

Ah! mon Dieu!

QUATRIÈME COURRIER.

Encore des bains de mer qui viennent nous solliciter...

TOUS.

Encore!

ENSEMBLE.

Air de *la Perle d'Andalousie* (FOLIES-NOUVELLES).

Voyez comme le flot s'élève...
C'est un prodige, c'est un rêve, ève, ève.
Quoi! jamais ni repos, ni trêve.
Les voilà,
Qui déjà,   } *bis.*
Sont là!

(Pendant cet ensemble, une conque marine paraît au fond, portant quatre
jeunes femmes vêtues de costumes allégoriques.)

SCÈNE V.

LES PRÉCÉDENTS, LES EAUX DE SPA, LES BAINS DE HOM-
BOURG, D'ÉTRETAT et DE TROUVILLE.

TOUS LES BAINS.

Suite de l'air.

Chroniqueurs, nos bons amis,
Si jolis,
Si polis,
Nos voix vous appellent,
Vous, toujours si gentils.
Psit! psit! psit! psit! psit! psit!
Accourez, c'est le bruit,
C'est le bruit
Qui nous réjouit.
Ce sont vos écrits
Qui nous ensorcèlent ;
Venez, nos chers petits,
Soyez nos amis,
Nos amis chéris.
LES COURRIERS, à la reprise.
Les voici! (*bis.*)
Qui nous appellent.
Les voici! (*bis.*)
C'est pour nous qu'elles sont ici!

(Pendant la reprise, les femmes sont sorties de la conque, et chacune s'empare
d'un courrier.)

PREMIER COURRIER.

Pour moi c'est impossible.

DEUXIÈME COURRIER.

Je suis retenu...

TROISIÈME COURRIER.

On m'attend ailleurs!

QUATRIÈME COURRIER.

Dieppe me réclame.

LES BAINS DE HOMBOURG, au premier courrier.

Rien qu'un mois à Hombourg?

LES BAINS DE SPA, au deuxième courrier.

Quinze jours à Spa?...

LES BAINS DE TROUVILLE, au troisième courrier.

Une semaine à Trouville.

LES BAINS D'ÉTRETAT, au quatrième courrier.

Une heure à Étretat!

LES BAINS DE HOMBOURG.

Viens à Hombourg, nous jouerons, tu gagneras... je te porterai bonheur.

LES BAINS DE SPA.

Viens à Spa, j'ai aussi des jeux et des eaux minérales excellentes... tu pourras t'enrichir.

LES BAINS DE TROUVILLE.

Viens batifoler à Trouville.

LES BAINS D'ÉTRETAT.

Si tu savais comme on s'amuse à Étretat!

PREMIER COURRIER.

Désespéré!

DEUXIÈME COURRIER.

Désolé!

TROISIÈME COURRIER.

Ça ne se peut pas!

QUATRIÈME COURRIER.

C'est impossible!

LES BAINS, lentement et d'une voix caressante, en cajolant chaque courrier..

Air de *Léocadie.*

Viens donc, viens donc,
Viens, je t'en supplie ;
Chez moi viens donc
Passer la saison.
On a chez moi
Plaisir et folie!
On est chez moi
Heureux comme un roi.

SPA.

Compagnie aimable...

ÉTRETAT.

Plaisirs, bonne table...

HOMBOURG.

Maison confortable...

TROUVILLE.

Riche ameublement...

TOUS.

Ami, sois sensible,
Viens, s'il est possible...

LES QUATRE COURRIERS.

O métier terrible !..

(A part.)

O métier charmant !

REPRISE ENSEMBLE.

LES BAINS.

Viens donc, viens donc, etc.

LES COURRIERS.

Allons, cédons,
Tout nous y convie ;
Suivons, suivons
Ces charmants démons.
Cédons : leur loi
Ici nous rallie.
Je suis à toi,
Dispose de moi.

(Sur cette reprise, chaque bain s'est emparé d'un courrier et l'entraîne. Ils sortent de quatre côtés différents. — Changement à vue.)

DEUXIÈME TABLEAU

La Chaleur.

Une charmille. — Devant un banc de gazon.

—

SCÈNE PREMIÈRE.

RIQUIQUI, en grande dame, robe de soie, burnous, chapeau, avec un bavolet outré ; elle entre de la droite.

C'est-y un rêve donc?... c'est-y ben moi qui se promène avec ces belles frusques! avec cette jolie robe qui ratisse tous les chemins ? Hier encore pêcheuse de moules et de crevettes, et aujourd'hui, à mon réveil, au lieu de ma cage à poulets que j'ai brûlée, des jupons en vrai acier! une robe flambante et un *burnouf!*..... J'avais dit à ce monsieur que mes malles n'étaient point arrivées, et il s'a empressé de m'offrir cette toilette... Ah! ce vieux monsieur est bien jeune! Mais il va peut-être me demander queuqu' chose pour ça, et si ça ne peut point s'accorder, faudra tout lui rendre... Bah! ce qu'est donné est donné. Je ne rends rien, moi, d'abord! Oh! le v'là!

SCÈNE II.

RIQUIQUI, M. OUF, entrant par la droite.

M. OUF, fredonnant
« Amis, la matinée est belle !
« Sur le rivage... »

Ah! je respire !.. cette matinée est délicieuse; ni trop chaude, ni trop fraîche.. pourquoi la matinée ne dure-t-elle pas toute la journée ? (Apercevant Riquiqui.) Ah! c'est vous, chère belle ►

RIQUIQUI.
Oui, M'sieu, et qu'il me reste bien à vous remercier...

M. OUF.
Vous êtes délicieuse, vous êtes ravissante dans cette toi-lette!...

RIQUIQUI, se pavanant en s'enveloppant dans son burnous.
Vrai?... j'ai t'y assez de chic ainsi, hein ?

M. OUF.
Oh! oui, suffisamment... faut du chic, pas trop n'en faut ! Seulement vous êtes un peu trop engoncée dans votre burnous et sous votre chapeau.

RIQUIQUI.
Je suis engoncée ?

M. OUF.
Sans doute, vous voilez vos beaux yeux, vous emprisonnez vos jolies épaules, votre cou de cygne, votre taille de nymphe... et je demande grâce pour ces charmants captifs... (Voulant lui ôter son burnous.) Délivrons les prisonniers... ôtez un peu...

RIQUIQUI, résistant.
Je ne veux rien ôter.

M. OUF, l'amenant tout doucement sur le banc de gazon et la faisant asseoir.

Air : *L'Amour, qué qu' c'est qu' ça ?* (J. NARGEOT.)

Craignez la chaleur,
Madame,
Craignez la chaleur.
RIQUIQUI.
La chaleur ne me fait pas peur ;
Je crains une autre flamme,
Qui, foi d'honnêt' femme,
Me fait bien plus peur.

(Parlé.) C'est égal, la température change. Je suis sûr que nous avons déjà au moins dix-huit degrés et, si j'avais un thermo-mètre... (A ce moment un énorme thermomètre paraît derrière eux ; Il marque vingt degrés ; M. Ouf s'évente avec son mouchoir ; reprenant l'air.)

Est-ce un effet nouveau
Du feu qui me harcèle ?

Est-ce l'amour, ma belle,
Qui vient d'allumer son flambeau ?
J'ai plus chaud
Que tantôt.

RIQUIQUI.

Oui, ma foi, sur ma tête
Ça tape de nouveau.

M. OUF.

Ah ! j'ôte ma casquette.

RIQUIQUI.

Bah ! j'ôte mon chapeau.

M. OUF.

Ici qu'il fait chaud !
C'est bête
De faire si chaud.

RIQUIQUI.

Sous ce costume... je cuis... ouf !
Je suis tout écarlate !

M. OUF.

J'ôte ma cravate.

RIQUIQUI.

J'ôte mon burnouf !

(A ce moment le thermomètre marque trente degrés, et monte toujours
jusqu'à trente-sept degrés.)

M. OUF.

Nous subissons ici
La colère céleste...
Tant pis, j'ôte ma veste.

(Il l'ôte.)

RIQUIQUI.

Ma foi, j'ôt' mon corsage aussi.

M. OUF.

Mon toupet !..

(Apercevant Riquiqui.)

En corset !

RIQUIQUI, remettant son burnous sur ses épaules.

Ciel !

M. OUF.

Pourquoi vous contraindre ?
Otez c' que vous voudrez...
Je ne suis plus à craindre
Par trente-cinq degrés.
O Dieu ! qu'il fait chaud,
Madame !

RIQUIQUI.

C'est vrai qu'il fait chaud !
On est comme sur un réchaud.

M. OUF.

L'atmosphère est de flamme !
Qu'il fait chaud, Madame !

ENSEMBLE.

Pristi ! qu'il fait chaud !

RIQUIQUI, se levant.

Ma foi, pour ma part, j'y tiens plus! j' vas me fourrer dans l'eau... Venez-vous?.. je vous apprendrai à pêcher des moules.

M. OUF, de même.

Non, merci, je serais moulu tout de suite.

RIQUIQUI.

Ou ben des crevettes, j' vous offrirai le bouquet.

M. OUF.

Je n'irais pas sur la plage pour un billet de mille !

RIQUIQUI.

Eh ben! tant pis... j' vas me baigner sans vous!.. Je vous rejoindrai au Casino; commandez le dîner et qu'il y ait du melon.

M. OUF.

Vous me retrouverez ici.

RIQUIQUI.

A revoir! (Elle sort par la droite en emportant sa défroque.)

M. OUF, seul.

Je voudrais la suivre, je n'en ai pas la force! Ah! ma foi, j'ai encore plus chaud comme ça! Je vas me rhabiller. (Il se rhabille.) Chaleur fatale! chaleur brutale!... chaleur de 1857, je te maudis ! (Musique. — Le thermomètre a disparu; le fond de la charmille s'ouvre et laisse voir la Chaleur couchée sur un lit de fleurs des tropiques.)

SCÈNE III.

M. OUF, LA CHALEUR.

LA CHALEUR.

Tu me maudis, et tu as tort!

M. OUF.

Que vois-je ?

LA CHALEUR, venant à lui.

La Chaleur.

M. OUF.

Vous, mon ennemie... ne me touchez pas ! ne m'approchez pas!

LA CHALEUR.

Ingrat! que deviendrais-tu sans moi ?

Air de *Montaubry* (LES EXPLOITS DE CÉSAR).

Chaleur féconde,
Reine du monde,
J'embrase tout,
Je voyage partout ;
Sans ma présence,
Pas d'abondance :
En tout pays
Je n'ai que des amis.
Fleurs demi-closes,

Bosquets de roses,
C'est mon soleil
Qui vous donne l'éveil.
Moissons dorées,
Vignes pourprées,
C'est la chaleur
Qui fait votre splendeur.
Chacun m'invite,
Me sollicite :
Des amoureux
J'augmente encor les feux.
Des tendres femmes,
Grâce à mes flammes,
Je dégourdis
Les maris refroidis.
Sans prendre garde,
Si l'on regarde
Dans la mansarde,
On voit, pendant l'été,
Lise apparaître
A sa fenêtre,
Mise à peu près comme la Vérité.
L'été, la mode
Est plus commode ;
A qui séduit,
Une gaze suffit.
Gaze infidèle,
Qui vous révèle
Bien des appas
Qu'on ne soupçonnait pas.
Partout j'inspire
Ce grand délire,
Qui fait germer les plantes et les cœurs.
Sœur de l'aurore,
Je fais éclore
Et les amours, et les fruits, et les fleurs.

REPRISE.

Chaleur féconde,
Reine du monde,
J'embrase tout,
Je voyage partout ;
Sans ma présence,
Pas d'abondance :
En tous pays
Je n'ai que des amis.

M. OUF.

Ah ! vous n'avez que des amis ! celle-ci est un peu forte !
UNE VOIX, au dehors.
Arrrrchand d' parapluies !

M. OUF.

Écoutez cette voix! c'est la voix d'un industriel... Vous allez
voir comme il vous aime, celui-là!

SCÈNE IV.

LES MÊMES, UN MARCHAND DE PARAPLUIES, entrant par la
droite.

LE MARCHAND DE PARAPLUIES.

Arrrrchand d' parapluies! Ah! ben ouiche! personne! pas
un acheteur! gueux d'été! polissonne de Chaleur!

LA CHALEUR.

Hein?..

M. OUF.

Je ne le lui fais pas dire...

LE MARCHAND.

En v'là une coquine de chance!.. *cinque* mois de sécheresse!
pas une goutte d'eau, quoi!.. un ciel bleu, toujours ce satané
ciel bleu, qui me fait rire jaune!..

M. OUF.

Et vous vous plaignez de la chaleur, n'est-ce pas?..

LE MARCHAND DE PARAPLUIES.

Si je m'en plains!.. mais j'en suffoque!.. j'en deviens hydro-
phobe!.. ne me contrariez pas, vous, ou je vous mords.

Air : *Faut d' la vertu.*

Il ne tombera donc plus d'eau?..
C'en est fait, l' temps est toujours beau!
Pour moi, qui ne vis que par l'eau,
La chaleur est un vrai fléau.
On parlait du ciel d'Italie...
V'là maint'nant que l' nôtre est pareil.
Quand je propose un parapluie,
On m' demande un parasoleil.
Quand j' dis : Messieurs, ach'tez! ach'tez
Des riflards pour être abrités,
On me prend, de tous les côtés,
Pour un marchand d' curiosités.
Du temps qu' la plui' fesait ma r'cette,
Quand j' les offrais à tous les r'gards,
Mes riflards pleuraient sur ma tête,
Et maint'nant j' pleur' sur mes riflards!
Il ne tombera donc plus d'eau...
C'en est fait, le temps reste au beau!
Pour moi, qui ne vis que par l'eau,
La chaleur est un vrai fléan.

(Il sort en criant.) Arrrchand d' parapluies!.. Ah! ben ouiche!..
arrrrchand d' parapluies!.. va te faire fiche!.. arrrrrrrrchand
d' parapluies!.. (Il a disparu par la gauche.)

M. OUF, déclamant.

Contemplez d'un œil sec cette noble victime.

UNE VOIX, dans la coulisse.

A la fraîche!.. à la fraîche!.. qui veut boire?..

LA CHALEUR.

Ah! en voilà un qui ne doit pas se plaindre de moi.

SCÈNE V.

M. OUF, UN MARCHAND DE COCO, LA CHALEUR.

LE MARCHAND DE COCO, entrant par la gauche.

Air : *les Cancans.*

V'là l' coco ! (*bis.*)
Venez en boire à gogo.
V'là l' coco! (*bis.*)
J' m'enrichis quand il fait beau.
Accourez, grands et petits,
Soldats, bonnes et titis,
C'est aussi frais qu' chez Zoppi,
Et moins cher qu' chez Tortoni.
V'là l' coco! (*bis.*)
Si ça n' vaut pas du cliquot,
Ça vaut bien l' sombrico.
Fait's-vous servir du coco.
Merci, madam' la Chaleur :
Si vous redoublez d'ardeur,
En centim's, en sous, en liards,
Je vais gagner des milliards.

TOUS.

V'là l' coco ! (*bis.*)
Venez en boire à gogo !
V'là l' coco ! (*bis.*)
J' m'enrichis quand il fait chaud !

(Le marchand sort pendant la reprise par la droite.)

SCÈNE VI.

M. OUF, LA CHALEUR, puis LES DIRECTEURS DE PARIS.

LA CHALEUR.

Eh bien! celui-là m'aime-t-il?..

M. OUF.

Oui, mais j'aperçois là-bas une ribambelle de messieurs qui ne doivent pas vous porter dans leur cœur.

LA CHALEUR.

Oh! mon Dieu!.. les directeurs des théâtres de Paris!.. où me fourrer? (Elle se tient à l'écart. Les directeurs entrent par la droite; ils ont tous des nez énormes, marchent à la queue leuleu, d'un pas lent, et chantent d'un air lugubre :)

LES DIRECTEURS.

Air : *Alleluia !*

Il n'a pas plu de tout l'été,
Aussi, se voyant déserté,
Chaque théâtre est embêté
De cet été !
(Ils disparaissent par la gauche.)

M. OUF.

Embêté !.. je croyais les directeurs plus littéraires... mais enfin, en voilà des victimes !..

LA CHALEUR, soupirant.

Je ne dis pas non... et j'ai besoin de contempler les heureux que j'ai faits.

SCÈNE VII.

M. OUF, LA CHALEUR, SIX GARÇONS DE CAFÉ, puis UN LIMONADIER ; puis LE GAZON.

(Ils entrent par la gauche, en tenant leurs serviettes comme des guirlandes ; ils dansent et chantent.)

Air du *Moulin de ma tante.*

LES GARÇONS.
Vive, viv' la chaleur !
Ah ! quelle année
Fortunée !
Vive, viv' la chaleur,
Qui produit l' consommateur !

UN LIMONADIER, entrant par la gauche, aux garçons.

Eh bien ! qu'est-ce que vous faites là, vous autres ?.. (Voyant la Chaleur.) Ah !.. pardon, madame la Chaleur... je vous salue... merci, madame la Chaleur... car, sans la chaleur, pas de limonade... et sans la limonade... (Aux garçons.) Allez donc ranger vos tables !..

LES GARÇONS.

Vive, viv' la chaleur, etc.
(Ils sortent par la droite avec le limonadier.)

LA CHALEUR, à M. Ouf.

Eh bien, que dis-tu de ceux-là ?..

M. OUF.

Je conviens que, grâce à vous, ils ont dû faire de fameuses affaires ; mais, si le règne animal pouvait s'abreuver, que devenait le végétal ?.. il végétait !.. L'avez-vous assez brûlé, grillé, rôti... ce pauvre règne végétal !..

LE GAZON, en dehors.

Au secours !.. au secours !..

M. OUF.

Tenez, justement, c'est le Gazon qui gémit.

LE GAZON, entrant par la droite.

De l'eau ! de l'eau !.. des pompiers !.. la chaîne !.. qu'on fasse la chaîne, ou je suis flambé.

M. OUF.

Ce pauvre Gazon !.. est-il assez jaune et assez mal peigné !... Vous maudissez la Chaleur, n'est-il pas vrai?..

LE GAZON.

Si je la maudis !.. je crois bien !.. quand elle me dessèche !.. quand elle m'assassine !.. Figurez-vous, Monsieur, que je suis gazon de père en fils, je descends de la luzerne par ma mère, et du chiendent par mon père; le trèfle est mon parrain, et j'étends mes domaines partout où mes nappes de verdure peuvent se déployer. J'étais au printemps riant, velouté, parfumé, émaillé de paquerettes; et maintenant, je suis rembruni, flétri, desséché, altéré... je meurs de la jaunisse et cela, grâce à vous, Madame.

Air : *la Clef! la clef!*

Gazon, gazon,
Pauvre gazon !
J'ai vraiment souffert l'impossible.
Jamais fût-il une saison
Plus terrible
Pour le gazon!
Quand je suis vert, je suis un trône
Dont les amoureux sont ravis;
Mais cette année, où j'étais jaune,
Je n'ai porté que des maris.
Gazon, gazon,
Pauvre gazon! etc.
L'été dernier, plus vert, plus tendre,
Je m'étais fait banc de gazon.
Et vers moi l'amoureux Clitandre.
Un beau soir entraîna Lison.

M. OUF, parlant.

Oh! assez! assez!..

(*Reprenant l'air.*)

Gazons, Gazons,
Mon cher Gazon,
Lise sans doute fut sensible :
Que ce mystère, enfant terrible,
Reste caché sous le gazon!

ENSEMBLE.

Gazon, gazon, etc.

(Le Gazon s'éloigne par la gauche.)

M. OUF.

L'avez-vous assez abîmé, celui-là?..

LA CHALEUR.

Que m'importent les doléances de ces inutiles végétaux, quand je dois avoir pour moi les bénédictions du monde entier; à moi le père Latreille!..

SCÈNE VIII.

LA CHALEUR, LE PÈRE LATREILLE, M. OUF.

LE PÈRE LATREILLE, entrant par la gauche.

Air des *jolis Soldats*.

Ah ! grisons-nous, grisons-nous, grisons-nous ;
Honneur et louange
A la vendange !
On va partout boir' le vin à quatr' sous ;
Allons, mes amis, enivrez-vous.
Grâce à la chaleur de l'année,
Bourgogne, aï, bordeaux, mâcon,
Ah ! qu' ça s'ra bon ! qu'ça s'ra bon !
Qu' ça s'ra bon !
Beaune, chambertin, romanée,
Comme jadis le petit vin clairet,
Pourront se boire au cabaret !
Que tout buveur chante la gloire
De qui rendit le vin meilleur !
Puisque la Chaleur nous fait boire,
Il faut boire à la Chaleur.

ENSEMBLE.

Ah ! grisons-nous, etc. (*ter.*)

LE PÈRE LATREILLE.

Air du *Cabaret*.

Longtemps la terre, par caprice,
De ses présents nous a sevrés,
Et la vigne, notre nourrice,
Laissait les hommes altérés.
Plus de disette, de souffrance !
Le bon Dieu, souriant enfin,
A pleines mains jette à la France,
Le blé, les fruits et le raisin !
Plus de disette, de souffrance !
A nous moissons, fruits et raisin !

Air : *Bon, bon, bon, bon, bon, bon, bon.*

Oui, le printemps reparaît,
La nature renaît,
L'homme se réjouit,
Et, petit à petit,
Le coteau reverdit,
Et, dès son réveil,

Le divin soleil
Couvre l'univers
De pampres verts.

Pourtant nous tremblons encore :
Que d'épreuves à subir !
Souvent le soleil dévore
Le cep qu'il a fait mûrir.
Nous devons craindre et la grêle et l'orage,
Tout doit être appréhendé.
Mon Dieu ! le ciel se couvre d'un nuage,
Et le tonnerre a grondé.

Non, non, non, non, non, non, non.
Déjà, sur le vallon,
A l'affreux tourbillon
Succède un doux rayon ;
Allons ! gai vigneron,
Songe à ton pressoir,
Va, fais ton devoir,
Montre ton savoir.
Et bon espoir !
Mai, juin, juillet sont passés :
Nos vœux sont exaucés,
Et les raisins pressés,
Sur leur grappe entassés,
Aux échalas dressés
Se tiennent debout,
Et bientôt, partout,
Le soleil d'août
Va dorer tout.

Plus de tourments, plus de peines !
Septembre passe à son tour ;
Et les branches, par centaines,
Craquent sous un poids trop lourd.
Voici venir l'heureux mois des vendanges :
Le vieil Octobre, aviné,
Aux vendangeurs dispersés par phalanges,
Montre son nez bourgeonné.

Travailleurs, plus de chagrins !
Nous aurons de bons vins,
Choisissez les raisins,
Mais laissez les meilleurs
Aux pauvres grappilleurs...
Ah ! qu'ils aient un peu
Des bienfaits de Dieu !
Qu'ils puissent aussi
Chanter ici :

Air connu.

Ohé ! les p'tits agneaux,
Apportez vos verres.
Ohé ! les p'tits agneaux,

Apportez vos pots...
Apportez vos pots,
Vos brocs,
Vos tonneaux
Et vos verres ;
Apportez vos verres,
Pour vider vos pots.

Quand le vin peut couler,
On rit, on chante, on aime ;
Le raisin fait parler
Jusqu'à l'amour lui-même.
On voit tout en beau,
Lorsque, grâce au raisin, tout change ;
Et de la vendange
Je veux vous montrer le tableau.
   (Changement à vue.)

TROISIÈME TABLEAU.

La Vendange.

Des coteaux de vignes couverts de vendangeurs.

(Les vendangeurs et les vendangeuses courent çà et là, les uns cueillant le
raisin, les autres l'apportant au pressoir. — Scène animée.)

CHŒUR GÉNÉRAL.

Ohé ! les p'tits agneaux,
Apportez, etc.

LE PÈRE LATREILLE.

DEUXIÈME COUPLET.

Les hommes sont enclins
A l'intrigue, à l'envie ;
Aussi, que de chagrins,
De peines dans la vie !
Toujours harcelé,
L'homme roule, sur cette boule ;
Mais que le vin coule,
Et l'univers est consolé !

CHŒUR, en dansant.

Ohé ! les p'tits agneaux ! etc., etc.

PERSONNAGES DU DEUXIÈME ACTE.

Quatrième Tableau.

PREMIER MÉDECIN.................. MM. Christian.
DEUXIÈME MÉDECIN .... Armand.
TROISIÈME MÉDECIN............... Charier.
GARÇON APOTHICAIRE............ Lemonnier.
UN PAYSAN LANDAIS.............. Thierry.
UN MONSIEUR .... Videix.
L'ILLUSTRATION.................... Mlles Hinry.
LE MONDE ILLUSTRÉ............... Léonie.
MADAME BOVARY.................. Nelly.
MADAME GILBLAS.................. De Géraudon.
PREMIÈRE DANSEUSE.............. Félicie.
DEUXIÈME DANSEUSE.............. Beauchamp.
LA REVUE DES VARIÉTÉS.......... Gennetier.
LA REVUE DU PALAIS ROYAL....... Suzanne.
PAYSANS LANDAIS, FOULE DE CURIEUX.

Cinquième Tableau.

PREMIER MONSIEUR............... MM. Ch. Potier.
DEUXIÈME MONSIEUR.............. Colbrun.
TROISIÈME MONSIEUR............. Alex. Michel.
QUATRIÈME MONSIEUR............ F. Heuzey.
CINQUIÈME MONSIEUR............ Raynard.

Sixième Tableau.

OLIBRIUS .... Mlles Scriwaneck.
CERISETTE......................... Dubuisson.
ALDÉGONDE .... Dahmen.
TROIS GROOMS.....................
DANSEURS ET DANSEUSES.........

Septième Tableau.

LORRAIN .... M. Colbrun.
MISTRISS JOHNSON................. Mlle Hinry.

Huitième Tableau.

UN DANSEUR....................... M. Raynard.
NELLA.............................. Mlle Magny.
QUATRE PETITS AMOURS...........
NYMPHE............................
SPECTATEURS......................

ACTE DEUXIÈME
QUATRIÈME TABLEAU
Les Arbres malades.

Une vue des Champs-Élysées avec des arbres malades et emmaillottés.

———

SCÈNE PREMIÈRE.

TROIS MÉDECINS, et UN GARÇON APOTHICAIRE, portant un clysopompe
monstre. — Musique.

(Les médecins entrent gravement par la droite, suivis du garçon apothicaire.)

PREMIER MÉDECIN, au garçon.

A-t-on donné les perles d'éther au numéro un?

GARÇON APOTHICAIRE.

Oui, docteur.

PREMIER MÉDECIN.

Et l'huile de foie de morue au numéro deux?...

GARÇON APOTHICAIRE.

Voilà, docteur. (Il monte sur un escabeau et verse une fiole dans la cuvette d'un arbre à droite.)

PREMIER MÉDECIN, montrant un arbre à gauche.

Passons à ce malade. (Il s'approche de l'arbre, tâte le pouls à une de ses branches, en consultant sa montre, puis revient sur le devant avec ses confrères, en leur disant tout bas :) Ne l'effrayons pas... Ça va mal!.. ça va mal!... je vous ai appelés en consultation, mes chers confrères, pour plusieurs cas très-graves qui se présentent chez les clients que voici. — Ces ormeaux, depuis les embellissements du bois de Boulogne, sont atteints d'une branchomonie qui m'inquiète fort. Ils végètent, dépérissent et tournent à l'hypocondrie. Dès le début de la maladie, ils ont perdu leur chevelure ; cette exfoliation gagne l'écorce cutanée, et je me suis vu dans la nécessité de les emmaillotter ainsi, voyez comme cet appareil est ficelé.

DEUXIÈME MÉDECIN, riant.

Oui, de loin on ne sait pas si ce sont des arbres ou des saucissons de Lyon.

PREMIER MÉDECIN.

Cela vous fait sourire ; et si je vous disais que presque tous les arbres de la place de la Bourse ont besoin de couvertures ; mais revenons à ceux-ci. (Indiquant un arbre.) Ce malade est un tilleul que je traite par les infusions de sureau, et je soigne les sureaux...

DEUXIÈME MÉDECIN.

Avec des infusions de tilleul?

PREMIER MÉDECIN.

Naturellement.

TROISIÈME MÉDECIN.

Vous avez la science infuse.

PREMIER MÉDECIN.

Quant à ce frêne... là-bas... quelle maigreur!... quel frêne étique!... l'air vif le tue... Frêne à mettre en serre! Frêne au logis!... le hêtre, lui, a cessé d'être sur toute la ligne de Longchamps, et aujourd'hui cette promenade manque de charme.

DEUXIÈME MÉDECIN.

Ainsi donc, estimable confrère, vous vous consacrez maintenant au traitement des végétaux?

PREMIER MÉDECIN.

Exclusivement. Cette spécialité pour le traitement des arbres m'a procuré deux excellents clients du théâtre de l'Opéra.

DEUXIÈME MÉDECIN.

Comment cela?

PREMIER MÉDECIN.

M. Boulo et M. Sapin... mon Dieu! oui, c'est moi qui les traite.

Air du *Château perdu*.

Quand je serais en butte à vos risées,
Je veux guérir le règne végétal,
Et vous voyez que des Champs-Élysées
J'ai déjà fait mon premier hôpital.
En lettres d'or, sur les plus riches marbres,
On doit un jour inscrire mes exploits,
J'espère enfin que le docteur des arbres
Éclipsera le grand docteur Dubois.

(Indiquant l'arbre de gauche.) Mais occupons-nous de ce malade, s'il vous plaît... voyons, docteur Delorme, quelle est votre opinion?

TROISIÈME MÉDECIN.

Je conseillerai, primo, des synapismes de guano au pied.

DEUXIÈME MÉDECIN.

Parfait!

PREMIER MÉDECIN.

Et vous, docteur Marronnier?

DEUXIÈME MÉDECIN.

Tisanne de chiendent... edulcorée avec le sirop du docteur Duchêne.

PREMIER MÉDECIN, au garçon de pharmacie.

Jujube, vous l'entendez!... vous ajouterez à ces prescriptions force remèdes souterrains.

GARÇON APOTHICAIRE.

A l'instant même, j'allais en introduire au malade.

PREMIER MÉDECIN.

Introduisez! (Le garçon vide son clysopompe au pied de l'arbre malade.)

GARÇON APOTHICAIRE.

C'est pris!

PREMIER MÉDECIN.

Nous le sauverons!... Ah! mes remèdes seraient plus effi-
caces si l'on pouvait transplanter cet arbre à la campagne; malheureusement, il n'y a pas encore de coupés-lits pour les végétaux.

DEUXIÈME MÉDECIN.

Des coupés-lits?..

TROISIÈME MÉDECIN.

Qu'est-ce que cela?

PREMIER MÉDECIN.

Comment, vous n'avez pas entendu parler de ces nouveaux
wagons inventés pour ·les malades? maintenant, on met les
malades en chemin de fer, quand ils ne peuvent pas aller loin.

Air : Vaudeville de l'*Apothicaire.*

Sur toutes les inventions
Je crois que celle-ci l'emporte,
Ça donne des émotions
Aux malades que l'on transporte :
Sans ordonnances du docteur,
On est sûr, quand le train se presse,
De se purger à la vapeur } (*bis.*)
Et d'aller à grande vitesse. }

Nous allons, si vous le permettez, continuer notre visite.

DEUXIÈME MÉDECIN.

Nous vous suivons.

SCÈNE II.

LES MÊMES, UN MONSIEUR, entrant par la droite tout effaré, puis
UNE VACHE, QUATRE PAYSANS LANDAIS, et UNE FOULE DE
CURIEUX.

LE MONSIEUR.

Sauvez-vous! sauve qui peut!

TOUS.

Qu'y a-t-il?

LE MONSIEUR.

C'est une vache de l'Hippodrome qui vient de briser sa corde
et les reins d'un écuyer... la voici! la voici!... sauve qui peut!
(Tous se sauvent par la gauche. — La vache traverse le théâtre de droite à
gauche, précédée de la foule, qui fuit devant elle.)

TOUS.

Au secours! au secours! (Ici quatre paysans landais traversent le
théâtre, courant dans la direction de la vache.)

CHŒUR.

Air de FERNAND CORTEZ.

Courons, courons, courons ;
Si la vache
Se cache,
Courons, courons, courons,
Nous la rattraperons.
(Tous sortent par la gauche.)

PREMIER MÉDECIN, rentrant par la gauche.

La, voilà ce que c'est que de donner de pareils spectacles ! A défaut de taureaux, nous avons des vaches ; nous n'avons pas de toréadors, nous avons des vachéadors... la belle différence ! (Un paysan landais rentre par la gauche.)

LE PAYSAN LANDAIS, essoufflé.

Elle est domptée !... elle est domptée !... je l'ai domptée !...

LE MÉDECIN.

En êtes-vous bien sûr ? mais quelle idée l'Hippodrome a-t-il eu de faire voir des vaches ?

LE PAYSAN LANDAIS.

Je ne vois pas ce que les vaches ont de laid.

LE MÉDECIN.

Du lait ? Certainement, c'est dans les attributions de ce quadrupède herbivore.

LE PAYSAN LANDAIS.

Et l'on ne dira pas, il me semble, que depuis notre arrivée à l'Hippodrome tout va de pis en pis.

PREMIER MÉDECIN.

Je ne prétends pas dire cela non plus... C'est égal, des combats de vaches, ça doit bien humilier les taureaux !

LE PAYSAN LANDAIS.

Aussi veulent-ils nous faire un procès.

PREMIER MÉDECIN.

Bah !

LE PAYSAN LANDAIS.

Air : *J'ons un curé patriote.*

Foulant aux pieds leurs panaches,
Les taureaux sont très-vexés,
En voyant que par des vaches
Ils ont été remplacés.
De ce tort ces animaux
Vont saisir les tribunaux,
Et les vaches pay'ront gros,
Car ça fait tort aux taureaux !
Tort aux taureaux, tort aux taureaux !

LE MÉDECIN.

Tort aux taureaux, tort aux taureaux !.. Mais enfin dites-moi ce qu'elles font, vos vaches ?

LE PAYSAN LANDAIS.
Si vous désirez le savoir.... (Regardant à gauche.)

Air des *Puritains.*
V'là la vach' qu'on nous ramène ;
Elle est dans un drôl' d'état.
Nous pouvons vous jouer un' scène :
Vous allez voir not' combat.
LE MÉDECIN.
Volontiers, oui, son aplomb me gagne.
LE PAYSAN LANDAIS.
Pour vous croire au cirque du Prado,
Il ne vous manquera que l'Espagne.
LE MÉDECIN.
Mais il nous manque aussi le taureau.

SCÈNE III.

LE PAYSAN LANDAIS, PREMIER MÉDECIN, LA VACHE,
rentrant par la gauche avec les trois autres paysans landais ;

LA FOULE.

CHŒUR.
V'là la vach' que j' vous ramène ;
Elle est dans un drôl' d'état.
Nous pouvons vous jouer un' scène,
Une scène de ce combat.

LE PAYSAN LANDAIS.
Attention aux évolutions des vachéadors! (Bruyante musique
comme celle qu'on exécute à l'Hippodrome. L'un des paysans tient la vache par
le licou, les autres se livrent à une pantomime animée; ils font des poses,
puis, tour à tour, ils vont allonger un coup de pied au derrière de la vache
qui ne bouge pas; mais tout à coup elle bondit; alors un paysan saute pardessus sa tête. Elle saute à son tour par dessus le payan, puis elle en enlève
un autre avec ses cornes et l'envoie dans la coulisse de droite. — Alors, elle se
met à danser la polka; les paysans l'imitent et sortent avec elle par la droite,
suivis de la foule qui danse aussi.)

SCÈNE IV.

L'ILLUSTRATION, LE MONDE ILLUSTRÉ, puis MADAME BO-
VARY et MADAME GILBLAS; puis DEUX DANSEUSES; puis LA
REVUE DES VARIÉTÉS et LA REVUE DU PALAIS-ROYAL.

L'ILLUSTRATION, entrant par la gauche avec le Monde illustré.
Cet endroit est propice : arrêtons-nous ici.
LE MONDE ILLUSTRÉ.
Si ce lieu vous convient, il me convient aussi.
L'ILLUSTRATION.
Un alexandrin!

LE MONDE ILLUSTRÉ.

Vous venez d'en faire un.

L'ILLUSTRATION.

Imitateur insupportable! tu me feras raison...

LE MONDE ILLUSTRÉ.

Si vous y tenez...

L'ILLUSTRATION.

Si j'y tiens! moi, l'Illustration! ayant quatorze ans d'âge, trente volumes, sept cent soixante-douze numéros!... illustré par neuf mille trois cent soixante-quatorze vignettes!... Avez-vous pu croire que je consentirais à vous laisser vivre? vous, le Monde illustré, qui m'avez chippé mon format, mes caractères, mes vignettes, mes rébus, et jusqu'à mes abonnés!... Vos armes?

LE MONDE ILLUSTRÉ.

Je prends les vôtres.

L'ILLUSTRATION.

Votre heure?

LE MONDE ILLUSTRÉ.

Je prends votre heure.

L'ILLUSTRATION.

Tu me prendras donc toujours quelque chose?

LE MONDE ILLUSTRÉ.

Tout ce que je pourrai.

L'ILLUSTRATION, furieuse.

Assez de paroles!... battons-nous!...

LE MONDE ILLUSTRÉ.

Volontiers, mais j'attends mon témoin.

L'ILLUSTRATION.

Quel est-il?

LE MONDE ILLUSTRÉ.

Madame Gilblas.

L'ILLUSTRATION.

Cet interminable feuilleton de *la Presse?* à ce choix je reconnais tes instincts grossiers.

LE MONDE ILLUSTRÉ.

Et ton témoin, quel est-il?

L'ILLUSTRATION.

Madame Bovary.

LE MONDE ILLUSTRÉ.

Eh! quoi?... cette aventurière!... horreur!

L'ILLUSTRATION, regardant à gauche.

Silence, les voici toutes deux. (Entrent madame Gilblas et madame Bovary par la gauche; elles se disputent.)

ENSEMBLE.

Air de la *Savonnette.*

Ah! de fureur je tremble!
Battons-nous, je le veux!

Nous ne pouvons ensemble
Exister toutes deux!

L'ILLUSTRATION.

Eh! quoi? nos témoins qui se disputent!

MADAME GILBLAS.

Et qui vont se battre.

LE MONDE ILLUSTRÉ.

Se battre, mais pourquoi?

MADAME BOVARY.

Parce que Madame m'a insultée et qu'elle refuse de me faire des excuses.

MADAME GILBLAS.

Des excuses! moi, madame Gilblas! qui enfonce mon homonyme de Santillane! moi, qui pendant quinze mois ai fait les délices des lecteurs de *la Presse* en me prélassant douillettement sur les coussins de son feuilleton!... Je ferais des excuses à cette intrigante?... allons donc! la suite au numéro prochain.

MADAME BOVARY, avec fureur.

Madame!...

MADAME GILBLAS, avec hauteur.

Hein?...

LE MONDE ILLUSTRÉ.

Permettez : vous traitez madame Bovary d'intrigante, et on l'accuse précisément de manquer d'intrigue.

MADAME GILBLAS.

On ne l'accuse toujours pas de manquer d'amoureux! en voilà une qui s'affiche! Bonté divine! elle s'affiche partout... même dans les passages... il n'est pas étonnant qu'on la remarque, qu'on parle d'elle et qu'on me laisse là!

MADAME BOVARY.

Oh! ma patience!... ma patience!...

Air de *la Corde sensible.*

J'étais l'ornement de la Presse,
Mais j'ai perdu tous mes appas :
On fuit, on dédaigne, on délaisse
La pauvre madame Gilblas.
Enfin, ne sachant plus que faire,
Seule je m'endors à présent.

MADAME BOVARY.

Si vous vous endormez, ma chère,
C'est sans doute en vous relisant.

MADAME GILBLAS.

Dieu me garde d'éveiller les gens avec des moyens comme les vôtres!

MADAME BOVARY.

Tout ce que vous pourrez dire ne m'empêchera pas de faire la fortune de mon éditeur.

MADAME GILBLAS.

Le beau mérite! un succès de scandale !

MADAME BOVARY.

Air : *Que lui manque-t-il? — La parole.*

Qu'importe! c'est officiel,
On vit quatre éditeurs me suivre :
Oui, Paul, Mathieu, Pierre et Michel
Voulurent imprimer mon livre;
Craignant mes excentricités,
Mathieu ne vit pas mon mérite;
Paul ne vit pas mes qualités;
Pierre ne vit pas mes beautés;
Mais Michel les vit (*bis*) tout de suite.

MADAME GILBLAS.

Des calembours!.. tiens, tu me fais mal!.. non, tu me Féval.

LE MONDE ILLUSTRÉ.

Permettez, nous comptions sur vous.

L'ILLUSTRATION.

Comme témoins.

MADAME BOVARY.

Eh bien, quoi?.. ce n'était qu'un combat à deux, ce sera un combat à quatre. (Entrent deux danseuses par la droite.)

LES DEUX DANSEUSES.

Non!.. ce sera un combat à six !..

L'ILLUSTRATION.

Qui êtes-vous?..

PREMIÈRE DANSEUSE.

Deux rivales!.. (Elles font des changements de jambe en place.)

LE MONDE ILLUSTRÉ.

D'où venez-vous?..

DEUXIÈME DANSEUSE.

De l'Opéra. (Même jeu.)

MADAME GILBLAS.

Que faites-vous?

LES DEUX DANSEUSES.

Nous dansons. (Même jeu.)

MADAME BOVARY.

Et vous voulez vous battre?..

LES DEUX DANSEUSES.

A mort!..

L'ILLUSTRATION.

Mais pourquo ?..

PREMIÈRE DANSEUSE.

Parce que Madame a du talent. (Battements.)

DEUXIÈME DANSEUSE.

Parce que Madame pirouette aussi bien que moi!..

PREMIÈRE DANSEUSE.

Et que le public lui donne la moitié de ses bravos et de ses bouquets.

MADAME GILBLAS.

Et vous ne voulez rien partager?..

LES DANSEUSES.

Oh! non!.. non!.. non!.. (Elles font des glissades en changeant de place.)

MADAME BOVARY.

Et peut-on savoir dans quel ballet vous vous êtes livré cet assaut?..

PREMIÈRE DANSEUSE.

Dans un opéra-comique intitulé : *Marco Spada*.

L'ILLUSTRATION.

Comment, l'Opéra-Comique à l'Opéra?..

DEUXIÈME DANSEUSE.

Certainement.

Air du *Tra la la*.

Trouvant chez lui fort peu de pièces et d'auteurs,
L'Opéra fut forcé d'en aller prendre ailleurs.
Il a fait un ballet du vieux Marco Spada
Et du Cheval de Bronze un trop grand opéra...

CHOEUR.

Sur l'air du tra
La la la,   } (*bis*.)
Sur l'air du tra déri déra
Tra la la la.
(Les danseuses dansent sur le refrain.)

PREMIÈRE DANSEUSE.

Assez de glissades... en garde!

L'ILLUSTRATION.

Tout le genre humain se fait donc la guerre?

DEUXIÈME DANSEUSE.

Allons, que le combat commence! (A sa rivale.) Je te ménage une pointe!..

MADAME GILBLAS.

Allons, soit, un combat à six!..

TOUTES.

Un combat à six!.. (Entrent la Revue des Variétés et la Revue du Palais-Royal.)

LES REVUES, entrant par la gauche.

Non, un combat à huit!..

TOUTES.

Encore!..

LE MONDE.

Qui êtes-vous?..

PREMIÈRE REVUE.

Je suis la Revue des Variétés!.. seigneur-je!.. seigneur-je!..

DEUXIÈME REVUE.

Je suis la Revue du Palais-Royal!.. gnouf!.. gnouf!.. gnouf!..

PREMIÈRE REVUE.

Air de MANGEANT.

Oui, sans formalités,
Mademoiselle
Prend, pour elle,
Toutes les nouveautés,
Que je montre aux Variétés.

DDUXIÈME REVUE.

C'est toi qui prends mon bien,
C'est toi qui me le vole ;
Ce genre était le mien,
Avant d'être le tien.

PREMIÈRE REVUE.

Le vôtre ? ah! c'est parfait !
Mais vous devenez folle !
Déjà, depuis l'an sept,
La revue existait.

DEUXIÈME REVUE.

Mais, pour voir mes travaux
Payés de succès plus compactes,
Je l'ai mise en trois actes.

PREMIÈRE REVUE.

Moi, je l'ai faite en dix tableaux.

DEUXIÈME REVUE.

Je triomphe, en risquant
Les plus grandes fadaises ;
Et des Vaches Landaises
Le titre est excellent.

PREMIÈRE REVUE.

Vaches!.. de pareils mots!..
Cette affiche est grossière...
Et le bon goût préfère :
Ohé! les P'tits Agneaux !

MADAME BOVARY, venant entre elles.

Mais ces titres nouveaux
Sur vos affiches font deux taches :
Des vaches,
Des agneaux,
Ce sont des revu's de bestiaux!

TOUTES.

Oui, ces titres nouveaux, etc.

PREMIÈRE DANSEUSE.

Nous ne sommes pas venues ici pour chanter. (Elle fait des changements de jambes.)

MADAME GILBLAS.

Ni pour danser!..

MADAME BOVARY.

Mais pour nous battre!..

DEUXIÈME DANSEUSE.

Pour nous abimer!..

LE MONDE ILLUSTRÉ.

Pour nous exterminer!... (Une panoplie sort de terre, au fond. — Chacune va y prendre un briquet et revient se poser en face de son adversaire.)

TOUTES ENSEMBLE. -

En garde!.. (Musique. — Combat au sabre.)

MADAME GILBLAS, regardant à droite.

Arrêtez!.. j'aperçois deux journalistes... ces messieurs ne demandent que plaies et bosses, demain on nous ferait des balançoires.

TOUTES.

Elle a raison.

MADAME BOVARY.

L'honneur est satisfait : tant tués que blessés, il n'y a personne de mort... Je propose d'aller déjeuner au café Anglais!..

TOUTES.

Accepté!.. au café Anglais!.. (Elles se placent en rang, la poignée du sabre au flanc droit, font le tour du théâtre en marquant le pas des Brigands de la Calabre, et, en passant devant le public, elles saluent militairement et sortent par la droite. — Changement à vue.)

CINQUIÈME TABLEAU

Les coulissiers.

Le boulevard des Italiens, vue prise de la rue Lepelletier au passage de l'Opéra.

SCÈNE UNIQUE.

DEUX MESSIEURS, puis TROIS AUTRES.

PREMIER MONSIEUR, arrivant par la droite, le nez en l'air et les mains derrière le dos, fredonnant sur l'air de Larifla.

Proum! proum! proum!

DEUXIÈME MONSIEUR, arrivant exactement de même, mais du côté opposé et fredonnant le même air.

Ah! ah! ah! ah! ah!

(Ils feignent de ne pas se voir, mais ils se rapprochent l'un de l'autre.

PREMIER MONSIEUR, passant devant le second et fredonnant toujours son air.

Que font les Autrichiens?

DEUXIÈME MONSIEUR, continuant l'air.

En baisse de trois francs.

PREMIER MONSIEUR, de même.
Je vous en prends cinquante.
DEUXIÈME MONSIEUR.
Cinquante à treize cents.
PREMIER MONSIEUR, voyant un troisième monsieur qui vient d'entrer.
Silence, on nous observe.
(Ils sortent chacun d'un côté opposé en chantant.)

ENSEMBLE.

Proum ! proum ! proum !
Tra la la la la !
LE TROISIÈME MONSIEUR, entrant par la gauche. — Il descend la scène
et fredonne l'air des Fraises.
Hum ! hum ! hum ! hum ! hum !
Hum ! hum ! hum ! hum !
Hum ! hum ! hum ! hum ! hum !
Hum ! hum ! hum ! hum !
Hum ! hum ! hum ! hum !
Ah ! qu' c'est embêtant
De ne plus avoir de coulisse !
Pauvres coulissiers,
On nous défend le boulevard !
Nous sommes traqués
Comme des animaux féroces,
Avec nos actions,
Qui ne se vendent plus du tout.
(Ici, rentrée des deux premiers messieurs marchant toujours d'un air distrait
et le nez au vent ; mais cette fois fredonnant aussi l'air des Fraises.
TOUS.
Hum ! hum ! hum ! hum ! etc.
(Tout le refrain.)
(Tout en fredonnant ce refrain, ils ont examiné le troisième monsieur, l'un avec
son pince-nez, l'autre avec son carreau dans l'œil.)
TROISIÈME MONSIEUR.
Avez-vous du Nord !
PREMIER MONSIEUR.
Il m'en reste deux cent cinquante.
TROISIÈME MONSIEUR.
Et des Mobiliers ?
TROISIÈME MONSIEUR.
Je n'en ai plus.
DEUXIÈME MONSIEUR.
Mais, moi, j'en ai.
TROISIÈME MONSIEUR.
Donnez-moi vingt Nords.
PREMIER MONSIEUR.
Ils font, je crois, sept cent soixante.
TROISIÈME MONSIEUR.
Et les Mobiliers ?
DEUXIÈME MONSIEUR.
Ils font sept cent soixante-cinq.

PREMIER MONSIEUR.

Silence, quelqu'un!

(Tous trois continuent à fredonner l'air en se séparant sans sortir.)

Hum! hum! hum! etc.

LE QUATRIÈME MONSIEUR, entrant par la gauche. Il porte plusieurs ballons captifs.

A dix-neuf sous!.. dix-neuf sous!.. les jolis ballons... dix-neuf sous!..

PREMIER MONSIEUR.

Que vois-je? Landouillard!..

TOUS, se rapprochant.

Landouillard!..

QUATRIÈME MONSIEUR, bas.

Silence, c'est une ruse!.. (Haut.) A dix-neuf sous les ballons!.. achetez les jolis ballons!..

DEUXIÈME MONSIEUR.

Donnez-moi cinquante-cinq ballons... non, cinquante-cinq Strasbourg...

TROISIÈME MONSIEUR.

Que fait la rente?.. (Le quatrième monsieur fait monter un ballon.)

DEUXIÈME MONSIEUR.

Ça monte!..

TROISIÈME MONSIEUR.

Et les Autrichiens?... (Le quatrième monsieur fait descendre son ballon.)

TOUS.

Oh!..

PREMIER MONSIEUR.

Avez-vous du Grand-Central à 601?..

ENSEMBLE.

Du Béziers?.. des Ardennes?.. du Saint-Emmanuel?.. du Piémont?.. du Bordeaux à la Teste?.. (Ici l'on voit entrer d'un air tout effaré un cinquième monsieur, qui tombe au milieu des autres comme une bombe.)

CINQUIÈME MONSIEUR, venant de la droite.

A combien le Grand-Central?

TOUS.

Grominet!

CINQUIÈME MONSIEUR.

Silence, mes amis! Je suis traqué! je suis poursuivi!... A combien le Grand-Central?

QUATRIÈME MONSIEUR.

Six cent un vingt-cinq offert, — six cent un demandé.

CINQUIÈME MONSIEUR.

J'en prends deux cents fin courant, dont deux sous.

QUATRIÈME MONSIEUR.

C'est convenu. (Ici l'on voit entrer deux inspecteurs en bourgeois.)

TROISIÈME MONSIEUR.

Nous sommes pincés !

QUATRIÈME MONSIEUR.

Non ! prenez ce ballon... (Criant.) A dix-neuf sous les ballons ! dix-neuf sous ! le bonheur des ménages, la tranquillité des familles !... Dix-neuf sous !.. dix-neuf sous !... (Il donne un ballon à chacun des trois premiers messieurs, qui le payent et sortent de différents côtés en fredonnant l'air des Fraises. — Le marchand de ballons sort par la droite, en criant ses ballons; un inspecteur le suit. — Le cinquième monsieur reste seul avec un des inspecteurs.)

LE CINQUIÈME MONSIEUR, à part.

Comment me dissimuler?.. Ah !... (Il se rapetisse de façon à ce que, son paletot traînant à terre, il a l'air d'un nain. Il marche ainsi et passe fièrement devant l'inspecteur en mettant son chapeau, et sort par la gauche. — L'inspecteur sort derrière lui. — Changement à vue.)

SIXIÈME TABLEAU.

L'Académie de danse.

Un salon élégant : portes à droite et à gauche, au fond cette inscription : NOUVELLE ACADÉMIE, fondée par les premiers danseurs de l'univers, sous le patronage du célèbre Olibrius.

SCÈNE PREMIÈRE.

OLIBRIUS, QUATRE MESSIEURS.

OLIBRIUS, entrant par la gauche suivi de quatre messieurs en habit noir.

Oui, Messieurs, il y a confusion, révolution, perturbation dans la danse !... Chaque professeur a prétendu régler les Lanciers à sa manière; les figures ont été bouleversées, les quadrilles rompus, et, au lieu de se trouver tête à tête, les danseurs et les danseuses se sont trouvés dos à dos. La société s'est émue, Messieurs !... car elle ne savait plus sur quel pied danser. Vous avez compris qu'une pareille anarchie pouvait ébranler la civilisation, et vous tous, les maîtres à danser de la capitale, vous vous êtes groupés autour de moi pour sauver l'art de la danse d'un cataclysme épouvantable. Merci, Messieurs, poursuivez votre œuvre gigantesque, criez à la France que le premier acte de cette grande association est la création d'une nouvelle mazurka... La mazurka-quadrille, la mazurka des salons !... Et que pas un de vous ne s'écarte, même pour un simple cotillon, des principes fondamentaux de notre code chorégraphique.

TOUS.

Nous le jurons !

OLIBRIUS.

Air : *En avant!*

Oui, maintenant, en France,
Chacun a son mandat...
Et je fais de la danse
Une affaire d'État.
Je suis de Terpsichore
Le disciple fervent,
Et le progrès encore
Me répète : En avant!
    En avant! (*bis.*)
Plus légers que le vent,
    En avant !
Crions fort et souvent :
    En avant! (*bis.*)
Non, plus de concurrence!
Que, sous la même danse,
Au gré des professeurs,
Se rangent les danseurs!
Au bal, à la guinguette,
Grande dame et grisette
Soumettront leurs jarrets
Aux règles du congrès.

Oui, maintenant, en France, etc.

ENSEMBLE.

En avant! (*bis.*)
Plus légers que le vent, etc.
(Les quatre messieurs sortent par la gauche.)

SCÈNE II.

OLIBRIUS, ALDÉGONDE.

ALDÉGONDE, entrant par la droite.

Ah! grâce au ciel, je vous trouve!... C'est bien à monsieur
Olibrius que j'ai l'honneur de parler ?..

OLIBRIUS.

A lui-même. Madame... de quoi s'agit-il?

ALDÉGONDE.

Monsieur, pouvez-vous me montrer la Gigue aujourd'hui, à
l'instant?

OLIBRIUS.

La Gigue?

ALDÉGONDE.

Oui, la Gigue anglaise : il y va de ma fortune. Lord Bolin-
brok, un oncle à succession, veut me déshériter si je ne sais pas
danser la Gigue.

OLIBRIUS.

Oh! s'il y va d'un héritage!... (Appelant.) John!.. (A Aldégonde.)
Je vous sauverai, Madame... (Au groom qui vient d'entrer.) Tiens,

John, emporte ma robe de chambre. (Il a fait tomber son costume et parait vêtu en Écossais.)

ALDÉGONDE.

Oh! le joli petit costume!

OLIBRIUS.

Je ne comprends les danses nationales qu'en costume. Attention!

Air de *Gigue*.
La Gigue est un pas;
C'est un pas
Plein d'appas,
Qui n'a pas,
Ici-bas,
Son pareil, même en France.
Il faut des jarrets
Pour tous ces
Pas coquets :
Voyez chez les Anglais,
C'est la danse
A succès.

(Il danse.)

ALDÉGONDE, après le pas.

Bravo ! c'est charmant!

SCÈNE III.

LES MÊMES, CERISETTE.

CERISETTE, entrant par la gauche.

Monsieur Olibrius?.. Il y est... tant mieux.

OLIBRIUS.

Vous me demandez, Madame?...

CERISETTE.

Oui, Monsieur. Vous êtes le premier président d'une grande académie, celle de la danse... et, comme vous, je suis présidente d'un grand comité, le comité des blondes.

ALDÉGONDE.

Le comité des blondes?

OLIBRIUS.

Qu'est-ce que c'est que cela ?

CERISETTE.

Vous ignorez?.. c'est bien simple... Nous sommes parties de ce raisonnement : Vénus, la plus belle déesse de l'Olympe, était blonde, et la première femme mise au monde fut Ève, qui était blonde aussi. Par conséquent, tout ce qui est femme et qui n'est pas blond est un phénomène en dehors de la nature et de la mythologie.

OLIBRIUS.

Comment, les brunes ne sont plus des femmes?

CERISETTE.

A nos yeux, ce sont des êtres légèrement amphibies.

ALDÉGONDE.

Mais voilà un comité charmant !

CERISETTE.

Vous pouvez en faire partie, Madame; vos cheveux vous y autorisent.

ALDÉGONDE.

Mes cheveux ?

CERISETTE.

Ils sont d'un blond à faire envie à Cérès.

OLIBRIUS, à Cerisette.

Mais le but de l'association?

CERISETTE.

Air de *Sommeiller encor, ma chère.*

Quand un mari trompe une blonde,
Si c'est pour une brune... horreur!

OLIBRIUS.

Qu'arrive-t-il?

CERISETTE.

En moins d'une seconde
Une blonde prévient sa sœur.

ALDÉGONDE.

Mais, connaissant votre humeur furibonde,
Si le mari, pour éviter ce cas,
Trompe sa blonde avec une autre blonde?..

CERISETTE.

Alors on ne la prévient pas.

OLIBRIUS.

Quand c'est avec une autre blonde,
Le comité ne prévient pas ?...

Enfin, Madame, qu'y a-t-il pour votre service?

CERISETTE.

Il y a, Monsieur, qu'un gros Allemand très-riche est sur le point d'épouser une brune, parce qu'elle danse admirablement l'Allemande, et que j'ai été choisie par le comité des blondes, pour enlever cet Allemand à la brune.

OLIBRIUS.

A la brune?.. Mais en quoi puis-je vous aider?..

CERISETTE.

En m'apprenant l'Allemande... mais vous ne savez peut-être pas?..

OLIBRIUS.

Je sais tout ce qui se danse, et je danse tout ce que je sais. (Appelant.) John !.. (Le grom entre.) Habillez-moi. (Il fait tomber son costume et paraît vêtu en Allemand.)

CERISETTE.

Oh ! le joli petit Allemand !..

OLIBRIUS.

Je vais vous procurer de semblables costumes.

CERISETTE.

A nous?..

ALDÉGONDE.

Oh! mais le temps de les revêtir?..

OLIBRIUS.

Ici, tout se fait par enchantement. A moi, mes génies fami-
liers!.. (Deux autres grooms entrent et aident Cerisette et Aldégonde à quitter leurs robes; elles paraissent alors vêtues en Allemandes.)

Air de *Trop beau pour rien faire*.

De l'Allemande, oh! la puissance est grande!
Que de faveurs elle a fait accorder!
Mais on est trois pour danser l'Allemande;
Donnez la main et laissez-vous guider.

(Il danse l'Allemande avec Cerisette et Aldégonde. — Après la danse, on entend un son de cloche.)

LES DEUX FEMMES.

Qu'est-ce donc?..

OLIBRIUS.

C'est l'heure de la mazurka, de la mazurka-quadrille, de la
mazurka des salons. (Cerisette et Aldégonde sortent par la gauche. —
Appelant.) John!.. (Le groom entre par la droite.) Emportez mon allemand. (Il fait tomber son costume et paraît vêtu en Hongrois.) Et à moi le
premier bataillon de mes troupes légères!.. (Entrent par la droite
des danseurs et des danseuses en costumes hongrois. Le groom sort du même
côté.)

SCÈNE IV.

OLIBRIUS, DANSEURS et DANSEUSES; puis CERISETTE et
ALDÉGONDE.

CHŒUR.

Air des *Poletais*.

Nous voilà! (*ter*.)
Maître, que la danse
Commence!
Nous voilà! (*ter*.)
Pour mazurker nous sommes là!

PREMIER DANSEUR, à Olibrius.

Nous voici, maître, et nous attendons tes ordres.

DEUXIÈME DANSEUR.

Il nous manque deux cavalières.

ALDÉGONDE ET CERISETTE, rentrant par la gauche, vêtues en Hongroises.

Nous allons les remplacer.

TOUS.

Bravo!..

OLIBRIUS.

A merveille!.. Attention !.. c'est une danse académique... la seule autorisée par notre association!.. (Mazurka. A la fin de la mazurka, tous sortent en dansant. Changement à vue.)

SEPTIÈME TABLEAU.

Les Affiches illustrées.

Un coin de rue. — A droite, faisant face au public, une grande maison couverte, du haut en bas, d'affiches illustrées.

SCÈNE UNIQUE.

MISTRISS JOHNSON, LORRAIN.

LORRAIN, en dehors.

Mais c'est une infamie!.. c'est indélicat!..

MISTRISS JOHNSON, entrant par la droite, suivie de Lorrain, qui est en manches de chemise et qui porte sur son bras un coachman.

Je ne comprenais pas du tout ce que vous disez... vous devez suivre moi... et vous allez suivre moi!..

LORRAIN.

Que je suivre vous?.. Mais dans quelle contrée que vous avez la fatuité de me conduire ?..

MISTRISS JOHNSON.

Partout où il plaira à moi!.. entendez-vous?..

LORRAIN.

Mais c'est scandalisant!.. et ça ne s'est jamais vu, sous aucun ciel quelconque!.. J'en fais juges mes compatriotes... Je suis garçon tailleur du *Prophète*, le magasin de confection du boulevard Poissonnière, qui a des images à toutes les fenêtres. Lorrain, que me dit un jour le patron, j'ai une grande idée!.. tu verras ça, mon garçon, tu verras ça. C'est bon, qu' je m' dis, faudra voir... et, en effet, j' vois arriver des menuisiers, des serruriers, des *lampisses*, enfin un tas d'ouvriers intelligents, qui bousculent tout dans le magasin, que j'en étais à me dire : Mais quelle est donc la *meurveille* que le patron va mettre à l'étalage?.. cette *meurveille*, c'était moi, avec tous ses garçons tailleurs, que le Prophète allait mettre en montre, en guise de pantalons et de paletots... et le patron voulait pousser la chose jusqu'à supprimer toutes les fenêtres.

MISTRISS JOHNSON.

Oh!... et pourquoi supprimer les fenêtres?

LORRAIN.

Sous prétexte que nous avions les jambes croisées... et que ça suffirait.

Air : *Qu'il est flatteur d'épouser celle...*

> Sur le boulevard on se montre
> Tous ces tailleurs, l'aiguille en main,
> Car le Prophète a mis en montre
> Les tailleurs de son magasin ;
> Et, lorsqu'à présent on s'arrête
> Pour admirer ses travailleurs,
> On ne sait plus si le Prophète
> Vend des habits ou des tailleurs.

A preuve, que Madame, qui est une étrangère, a cru pouvoir m'acheter, comme un léger raglan, comme un joli pardessus.

MISTRISS JOHNSON.

Je avais pas acheté vous pour usage à moi... Je avais acheté vous pour le mari de moi.

LORRAIN.

Mais ça n'a plus d'excuse, alors.

MISTRISS JOHNSON.

Yès, pour le maison Johnson, Pick-Prune et *compénie* de London.

LORRAIN.

Voyons, raisonnons... non, mais raisonnons.... à vot' patois, je reconnais que vous êtes une Suédoise de Hongrie... Mon Dieu ! je ne vous en veux pas pour ça... mais moi, pas petit nègre !... moi, petit blanc !... moi, natif de Grenelle !... moi, pas à vendre !...

MISTRISS JOHNSON.

Comment, vous pas à vendre !... quand vous étiez dans le étalage !... quand vous étiez dans le montre !...

LORRAIN.

En montre !... en montre !... Le Prophète nous met en montre, pour que le public voie marcher nos aiguilles, voilà tout !... Et puis, c'est un moyen de surveillance sur les grands et les petits. Grâce à la montre, on sait quand le petit rentre et quand le grand *ressort*.

MISTRISS JOHNSON.

Oh ! je comprenais pas.

LORRAIN.

Le patron choisit les plus beaux hommes pour l'étalage, et il n'y a d'élus que ceux que le Prophète élit.

MISTRISS JOHNSON.

Je comprenais pas encore.

LORRAIN.

Ça ne m'étonne nullement... Vous êtes Suédoise... Certainenement, la Suède est un beau pays, situé au nord. Mais permettez-moi de lui préférer Grenelle... Grenelle, cette corbeille de fleurs de la France.

MISTRISS JOHNSON, furieuse.

Oh ! taisez-vous !... vous impatientez moi !... Je avais acheté

vous, je avais payé vous, et je avais le droit d'emmener vous!...
et je emmènerai vous pour la maison Johnson, Pick-Prune et
compénie de London!... et le preuve, voilà le facture : (Tirant de
sa poche une facture et lisant.) « Vendu à madame Johnson : un
« coachman, cent vingt francs. Une gilette, quarante francs.
« Pour le garçon tailleur, cinquante centimes...

LORRAIN.

Cinquante centimes!... mais c'est mon pourboire!.. Comment, vous avez pu croire que, pour la modique somme de *cinquante* centimes, vous auriez un garçon du Prophète, de mon acabit, et cela en toute propriété!... Oh! tenez... vous m'amusez, que j'en ris à m'asseoir par terre! (Il rit aux larmes.)

MISTRISS JOHNSON, interdite.

Oh! c'était le pourboire! oh! ce *étaite*, comme vous disez, une quiproquo... (Elle rit à son tour.) Oh! oh! oh! oh! oh! yès, je voyais que je avais trompé moi!

LORRAIN.

On vous en donnera des moulés comme moi pour dix sous...
la Danoise!...

Air de madame FAVART.

Comment, à si bas prix me mettre!
Vos étranges prétentions
Seraient acceptables peut-être,
S'il s'agissait d' cinquant' millions.
Mais vos offres sont trop minimes..
Si tout's celles, dont je flatte le r'gard,
Pouvaient m'ach'ter cinquant' centimes,
Y aurait des émeut's sur l' boul'vard.
Si je n' coûtais qu'cinquant' centimes, etc.

MISTRISS JOHNSON, lui tendant la main.

Je voyais que je avais tort, monsieur Grenelle... et je en étais
fâchée.

LORRAIN.

Je ne vous en veux plus... Mais si je ne me vends pas, je
puis me donner... et, puisque vous êtes de Hongrie, je m'offre
à vous faire voir la capitale, si vous en êtes curieuse.

MISTRISS JOHNSON.

Dans cet accoutrement?.. Oh! schoking!...

LORRAIN.

Je vous schoking en bras de chemise?.. Je le conçois, mais
en mettant ce coachman...

MISTRISS JOHNSON.

Oh! yès, mettez-le tout de suite.

LORRAIN, mettant le coachman.

Voilà!... (A part.) Enlevé le Danemark!... (Haut.) Où faut-il
vous conduire, chère alliée?... (Lui montrant les affiches.) Tenez,
justement v'là des affiches de toutes couleurs... voyez celle qui
peut flatter votre turlutaine et on y pourvoira.

MISTRISS JOHNSON.

Oh! c'était comme une *miousée* en plein vent... Oh! une jeune homme qui *miontait* à l'échelle... pour éviter le marée montante...

LORRAIN.

Oui, la marée montante... et un coup de pistolet quelque part... C'est palpitant!

MISTRISS JOHNSON.

Oh! très-joli!.. Encore une jeune homme qui forçait une *mossieu* à descendre dans une souterrain.

LORRAIN.

C'est notre même jeune homme... Il dit au traître : Descends dans ce souterrain, ou je te tire un coup de pistolet sous tes reins !

MISTRISS JOHNSON.

Oh! très-joli!... très-joli !..

LORRAIN, à part.

Elle trouve ça joli... elle n'est pas difficile.

MISTRISS JOHSON.

Et cet autre jeune homme à cheval ?..

LORRAIN.

Toujours notre même jeune homme !.. Il assiste à un ballet de poignards et de lanternes... Y a trois affiches pour la même pièce... rien que ça !.. En v'là un théâtre qui s'affiche !

MISTRISS JOHNSON, lisant encore une affiche.

Oh ! le théâtre de le *nétioure*, au pré *Quètelan!*...

LORRAIN.

Mais non!... mais non!... c'est le théâtre de la nature, au pré Catelan !

MISTRISS JOHNSON.

Oh ! je voulais voir le théâtre de le *nétioure*, avec des femmes *nétiourelles*, en costume *nétiourel!*... Vous allez conduire moi dans le *nétioure!*

LORRAIN.

Allons-y!... (A part.) Mais quel patois que ce suédois!... Est-il assez enlevé le Danemark !

Air des *Brodequins de Lisa.*

Allons au pré Catelan !
C'est le séjour des miracles !
Bal, fêtes, jardin, spectacle,
Là, tout est mirobolan !

ENSEMBLE. — REPRISE.

Allons au pré Catelan! etc.

(Ils sortent par la [gauche. — Changement à vue.)

HUITIÈME TABLEAU.

Le théâtre des fleurs au Pré Catelan.

(Représentation du ballet de Nella interrompue par l'orage. — Éclairs, tonnerre et pluie. — Le public tient bon et ouvre des parapluies. — Les artistes du ballet en font autant. — Pas de deux, avec riflards. — Autant de nymphes, autant de parapluies. — L'orage cependant devient si violent, que les artistes du ballet ne peuvent plus bouger et se groupent sous leurs abris de taffetas. — Le public lui-même, n'y tenant plus, arrive pêle-mêle sur le devant.)

CHOEUR GÉNÉRAL.

Air : *Ohé! les p'tits agneaux.*

Ohè! les p'tits agneaux,
Évitons la pluie.
Ohé! les p'tits agneaux,
Prenons nos pal'tots!
Prenons nos pal'tots,
    Nos manteaux
Et not' parapluie...
Évitons la pluie,
Les rhûm's de cerveaux!

PERSONNAGES DU TROISIÈME ACTE.

Neuvième Tableau.

LE FIGARO..	MM. Christian.
LE CHARIVARI.....................................	Delière.
LE TÉNOR.. ⎱	Ambroise.
LANDRICHE..................................... ⎰	
TARTUFE .... ⎱	
DENIZOT.......................................	Alex. Michel.
MAURICE....................................... ⎰	
LE COMTE ROBERT........................... ⎰	
POIRIER..	Colbrun.
PREMIER BRACONNIER...........................	Candeilh.
SHAKSPEARE .... ⎱	Thierry.
DEUXIÈME BRACONNIER...................... ⎰	
TROISIÈME BRACONNIER......................	Bazin.
JEANNETTE.....................................	Lassagne.
LE ROI LEAR.................................. ⎱	Blondelet.
MADAME SHEPPARD............................ ⎰	
PREMIER OURS.................................	Charier.
DEUXIÈME OURS...............................	Roland.
JOCKO..	Hector.
LE VAMPIRE.....................................	Ogez.
LE BAILLI......................................	Videix.
UN COMMISSIONNAIRE.........................	Poulain.
JOCONDE..	Miles Scriwaneck.
L'AFRICAINE.................................. ⎱	Schneider.
MARGOT....................................... ⎰	
ROSE-BERNARD................................	Nelly.
JACK SHEPPARD................................	Alphonsine.
ISOLINE..	Dahmen.
LA PALOTTE....................................	Dubuisson.
LA JEUNESSE..................................	de Villers.
LUCAS..	Suzanne.
QUATRE PIQUEURS..............................	
PAYSANS ET PAYSANNES.....................	

Dixième Tableau.

TOUS LES PERSONNAGES DU NEUVIÈME TABLEAU.

De plus :

LA RÉCLAME....................................	Miles de Géraudon.
PREMIER PETIT PRODIGE......................	Nelly.
DEUXIÈME *id*...........................	Dubuisson.
TROISIÈME *id*...........................	Dahmen.
QUATRIÈME *id*...........................	Félicie.
CINQUIÈME *id*...........................	Beauchamp.
SIXIÈME *id*...........................	Suzanne.
UN PAGE..	Rose Deschamps.
DEUX AUTRES PAGES...........................	
SIX AUTRES PETITS PRODIGES.............	

ACTE TROISIÈME
NEUVIÈME TABLEAU.

La forêt Dramatique.

Une épaisse forêt très-accidentée. — Montagne au fond. — Une inscription portant : CARREFOUR DRAMATIQUE se lit sur un poteau ; sur un autre : LA CHASSE EST OUVERTE.

(Au lever du rideau les sons du cor se font entendre au loin.)

—

SCÈNE PREMIÈRE.
DEUX OURS.

(Deux ours paraissent, ils ont l'air effrayé, ils arrivent sur le devant, se heurtent en passant devant le trou du souffleur ; leurs têtes tombent, eux-mêmes sont tombés sur leur derrière.)

PREMIER OURS.

Que c'est bête ; prenez donc garde !..

DEUXIÈME OURS.

Prenez garde vous-même !..

PREMIER OURS, se relevant.

De quel droit venez-vous vous fourrer sous mon museau ?..

DEUXIÈME OURS, de même.

Tiens, je suis un ours comme vous.

PREMIER OURS.

Si vous êtes un ours comme moi, vous n'êtes pas un ours.

DEUXIÈME OURS.

Qu'êtes-vous donc ?

PREMIER OURS, regardant autour de lui.

Chut! silence !.. je suis l'amiral Byng !..

DEUXIÈME OURS, même jeu.

Chut!.. le plus grand mystère !.. Je suis l'homme sans tête de l'Ambigu !.. (Ils se donnent la main.)

PREMIER OURS, avec amertume.

Nous sommes faits pour nous comprendre. Il y a grande chasse aujourd'hui dans la forêt Dramatique.

DEUXIÈME OURS, de même.

Oui, le Feuilleton poursuit la grosse et la petite bête.

PREMIER OURS.

Tous les critiques sont en chasse !..

DEUXIÈME OURS.

Aussi, j'ai pris cette peau...

PREMIER OURS.

Je me suis fourré dans cette fourrure...

DEUXIÈME OURS.

Pour échapper aux chasseurs.

PREMIER OURS.

Moi de même. (On entend de nouveaux sons de cor plus rapprochés.) La chasse se rapproche.

Air : *Ton ton, ton taine, ton ton.*

Homme sans tête, adieu, courage !
Remets ta tête de carton...

ENSEMBLE.

Ton ton, ton ton, ton taine, ton ton.
DEUXIÈME OURS.
Et toi, rentre dans le bocage,
Pour échapper au feuilleton.

ENSEMBLE, bas.

Ton ton, ton taine, ton ton.
(Ils remettent leurs têtes et s'éloignent vivement de chaque côté.)

SCÈNE II.

LE FIGARO, LE CHARIVARI, avec des fusils de chasse ; QUATRE PI-QUEURS, portant des trompes de chasse ; ils entrent par la gauche.

LE FIGARO.

Air : *Ton taine, ton ton.*

Francs critiques, point de faiblesse,
Qu'on apprête son mousqueton...
TOUS.
Ton ton, ton ton, ton taine, ton ton.
LE FIGARO.
Pour chasser les mauvaises pièces,
Il faut parcourir ce canton.
TOUS.
Ton ton, ton taine, ton ton.

LE FIGARO.

Oui, mon bon Charivari, que d'autres se contentent de chasser lièvres, perdreaux et bécasses...
LE CHARIVARI.
Ou de forcer le cerf aux abois...
LE FIGARO.
Notre chasse, à nous, s'exerce sur un autre gibier, le gibier dramatique.
LE CHARIVARI.
Et la chasse est ouverte du 1er janvier au 31 décembre.
LE FIGARO.
Déjà nos confrères du grand format cernent la forêt. Le gibier ne nous échappera pas.

Air de la *Polka des écus.*

Chasseurs pleins d'audace,
Oui, nous avons pris

Un permis de chasse
Pour tous tes lundis...
Chasse littéraire,
Utile aux bourgeois,
Et qu'on nous voit faire
Quatre fois par mois.

Dans les grandes chasses,
Souvent daims, chamois,
Lièvres et bécasses
Manquent à la fois ;
Mais dans nos parages,
Du Cirque aux Français,
Les mauvais ouvrages
Ne manquent jamais.
Eh bien ! chassons-les !

Ah ! tremblez, auteurs !
Voici les chasseurs,
Vos accusateurs
Et vos seuls censeurs !

TOUS.
Les chasseurs ! (*4 fois*)
Vivent les chasseurs !

CHŒUR.
Chasseurs pleins d'audace, etc.

SCÈNE III.

LES MÊMES, JOCKO, puis LE VAMPIRE.

(A la fin de ce couplet on voit un singe paraître au fond et grimper sur un arbre. Musique.)

LE CHARIVARI.
Silence ! écoutez !

LE FIGARO.
Je ne me trompe pas... ce singe c'est Jocko ! L'affreux John-Blick !

LE CHARIVARI.
Sus à Jocko !

TOUS.
Sus à Jocko !... (Musique : ils s'élancent vers lui. — Le Vampire sort de terre et les arrête du geste.)

LE FIGARO.
Et le Vampire !

LE CHARIVARI.
Deux succès âgés de quarante-cinq ans !

LE FIGARO.
Soyons sans pitié pour ces vieux drôles qui sentent le moisi...
A mort ! à mort !

TOUS.

A mort!... (Le Vampire disparaît. — Jocho fait des gambades.)

LE FIGARO.

Il nous échappe! Sus à Jocho!

CHŒUR. — REPRISE.

Chasseurs pleins d'audace, etc.

(Jocho se sauve par la gauche. — Les chasseurs le poursuivent, on entend,
dès qu'ils ont disparu, deux coups de feu dans la coulisse.)

SCÈNE IV.

LE ROI LEAR, SHAKSPEARE.

(Ils arrivent tous deux de différents côtés sur une musique de mélodrame et
comme fuyant les chasseurs.)

LE ROI LEAR.

Oh! god! god! god!...

SHAKSPEARE.

Ah! damnation! (Prononcez : *demnéchonn.*)

LE ROI LEAR.

Ils me poursuivent, les misérables!

SHAKSPEARE.

Ils sont sur mes talons!...

LE ROI LEAR.

Ciel! quelqu'un!

SHAKSPEARE.

Mes yeux me trompent-ils?

LE ROI LEAR.

Que veut cet homme?

SHAKSPEARE.

Par saint Georges!... serait-ce mon fils?

LE ROI LEAR.

Par saint Georges!... serait-ce mon père?

SHAKSPEARE.

Qui es-tu?... ton nom?

LE ROI LEAR.

AIR : *J'ai perdu mon âne.*
Je suis le roi *Lire.*

SHAKSPEARE.

Moi, je suis *Chekspire.*

LE ROI LEAR.

Deux ouvrages aplatis
Au boulevard, les titis
M'ont nommé *Léare.*

SHAKSPEARE.

Moi Schak*espéare.*

(Ils s'embrassent.)

DEUXIÈME COUPLET.

SHAKSPEARE.

Après le Vampire,
On donna Shakspire;

> Au Vampire succéda
> Le grand Shakspire... et voilà,
> Comme le Vampire,
> Que Shakspire
> Expire.

TROISIÈME COUPLET.

LE ROI LEAR.

> Quel fut le délire
> Du pauvre roi *Lire*,
> Quand au Cirque il vit des gens
> Juger le roi *Lire*, sans
> Même savoir lire,
> Savoir lire *Lire*,

ENSEMBLE.

> Oui, sans savoir lire,
> Savoir lire *Lire*.

SHAKSPEARE, avec tendresse.

O my son!

LE ROI LEAR, de même.

My father! (Prononcez : *fâzeur*.)

SHAKSPEARE.

Pourquoi as-tu passé la Manche, pour remporter une veste pareille?

LE ROI LEAR.

Et vous, my father, pourquoi avez-vous quitté Drury-Lin, pour faire un four sterling à la Porte-Saint-Martin.

SHAKSPEARE.

O critique ignorante qui nous chasse comme de simples lapins de garenne.

LE ROI LEAR.

Ils tirent sur le roi Lire! oh! les tire-lires! (Sons de cor au lointain.) Entendez-vous? my father!

SHAKSPEARE.

Encore ce cor! Ah! God save the king. (Prononcez : *God céve ze kigne*.)

LE ROI LEAR, avec frayeur.

Je me sauve! *Farewell!*

SHAKSPEARE.

To be or not to be...

LE ROI LEAR.

That is the question... c'est pour cela que je décampe. Farewel, father, farewell. (Ils sortent, Shakspeare par la gauche et le roi Lear par la droite, en baragouinant quelques mots d'anglais.)

SCÈNE V.

L'AFRICAINE, puis LE TÉNOR.

L'AFRICAINE, arrivant par la montagne du fond.

RÉCITATIF.

Musique nouvelle de M. J. NARGEOT.

Où me cacher?.. hélas! pauvre Africaine!
Voilà quinze ans déjà
Que m'attend l'Opéra,
Et que la critique inhumaine,
Par ses réclames, m'y ramène!
Malheureuse Africaine!
De l'Opéra
Qui me délivrera?

LE TÉNOR, paraissant sur la montagne.
Que vois-je ?.. Enfin, c'est elle!
(Il descend en scène.)

L'AFRICAINE.
Quelqu'un!... fuyons! ..

LE TÉNOR.
Ah! de grâce, arrêtez!
C'est un ami qui vous appelle.

L'AFRICAINE.
Qui donc êtes-vous?

LE TÉNOR.
Écoutez.

ROMANCE.

Voilà quinze ans qu'à l'Opéra,
Pour débuter dans l'Africaine,
Comme ténor on m'engagea,
Et je n'avais, en ce temps-là,
Tout au plus que la quarantaine.
Mais si, pendant cinq ans encor,
Vous nous fuyez, votre ténor,
Hélas! aura la soixantaine.
Ayez pitié d'un malheureux ténor!

RÉCITATIF.

L'AFRICAINE.
Non! non! jamais! jamais! jamais!
Je repousse de tels succès!

COUPLET.

Fille de l'Afrique,
J'aime la musique,
Que chante au tropique
Le vent des déserts;
Oui, seul il me charme,
Et je me gendarme

Contre le vacarme
De tous vos concerts.
J'ai peur de vos gammes,
Je fuis vos réclames...
Moi, parmi des femmes
De ce monde-là!
C'est contre l'usage :
Jamais on n'engage
De femme sauvage
Au Grand-Opéra!
(Ici l'on entend les cors dans le lointain.)

ENSEMBLE.

Encor, encor
Le son du cor!

LE TÉNOR.

Ah! nous sommes perdus!

L'AFRICAINE.

Pour tromper la critique,
Il faut nous transformer en petite musique.
(Ici leurs deux costumes tombent. — Le ténor paraît vêtu en père Landriche
de Margot et l'Africaine en Margot.)

SCÈNE VI.

LE PÈRE LANDRICHE, LE FIGARO, MARGOT, LE CHARIVARI.

LE FIGARO, descendant la montagne avec le Charivari.

L'Africaine a été vue de ce côté... battons toute la forêt.

LANDRICHE, bas, à Margot.

C'est vous que l'on recherche.

MARGOT, bas.

Ne me trahis pas.

LE CHARIVARI, les voyant.

Des paysans!

LE FIGARO, à Landriche.

Qui êtes-vous?

LANDRICHE.

Qui j' sommes?... j' sommes Landriche, natif d' la Norman-
die, près de Magny en Vexin.

LE CHARIVARI.

Et cette jeune fille?...

MARGOT.

Mé?... j' suis Margot, une orpheline qu'a un parrain dans la
noblesse et qu'est servante dans la ferme au père Landriche.

LE FIGARO.

Et que faites-vous dans cette forêt?

LANDRICHE.

C' que j'y f'sons?

Air de *Margot.*

C'est tout comm' si vous m' demandiez
C' que j' fais à l'Opéra-Lyrique.
Sur de la tout' petit' musique,
J' parle normand, comm' vous voyez.
Devant l'or, je reste en extase :
J'en ai plus que la rein' Topaze...
Et j' compt' mon or à tout moment. (*bis.*)
   Si tout c't or était dans la salle,
   Ma vogue serait colossale,
   Et ma musique originale
   Étourdirait la capitale !
Ça s'rait bien l' diable, assurément,
Si tant d'or ne f'sait pas d'argent...
J'espère ! foi d' fermier normand,
Qu'avec mon or je f'rai d' l'argent.

LE FIGARO.

Tout cela ne nous dit pas... (A Margot.) Voyons, à votre tour
veuillez nous apprendre, la belle...

MARGOT.

Chut !

Air de : *Chut !* (MARGOT.)

Je suis la petite Margot,
Cousine de la Fanchonnette ;
Je n'ai qu'un tout petit défaut,
C'est de rapp'ler la chansonnette.
Chacun de mes airs est chantant ;
Ça fait grand plaisir... mais pourtant... } *bis.*
     Chut !
Auber en aurait fait autant. (*bis.*)
     Chut ! (*bis.*)

DEUXIÈME COUPLET.

Quant à mon poëm', c'est différent...
Il ne prouve rien, et mon rôle
S'rait tragiqu', s'il était touchant,
Serait comiqu', s'il était drôle.
On dit qu' deux auteurs de talent
Ont fait ce poëme... et pourtant... } *bis.*
     Chut !
Tout l' monde en aurait fait autant. (*bis.*)
     Chut ! (*bis.*)

LE TARTUFE, en dehors.

Je le jouerai !... je le jouerai !...

LE FIGARO.

Ciel !... Encore un qui veut jouer Tartufe !... sauvons-nous !

TOUS.

Sauvons-nous ! (Tous sortent par la gauche.)

SCÈNE VII.

TARTUFE, seul; il entre par la droite, imitation de Grassot.

Je vous dis que je le jouerai... et je le jouerai!... c'est trop fort!... Voilà ce qui se passe... la petite Thierret, une enfant que son directeur a vu naître, quitte le Palais-Royal, pour aller jouer Tartufe à l'Odéon... Eh bien ! moi aussi, je veux le jouer, Tartufe... Ravel, aussi!... Hyacinthe, aussi! Fechter boit un verre de vin... moi, je flûterai autre chose... Ravel et Hyacinthe ont leur idée... Enfin, chacun veut le jouer avec son petit rafraîchissement... et voilà!... quant aux traditions, gnouf!... comme on les pince! (Récitant.)

« Laurent, serrez ma haire avec ma discipline... »

Du soin, la... hé! mon trognon!...

« Et priez que toujours le ciel vous illumine... »

Ah! dites donc...

« Si l'on vient pour me voir, je vais aux prisonniers
« Des aumônes que j'ai partager les deniers...

Et maintenant, en route pour l'Odéon!... (Il va pour sortir.)

SCÈNE VIII.

TARTUFE, ROSE-BERNARD; puis **ISOLINE.**

ROSE-BERNARD, entrant par la gauche.

Denizot! Denizot!... Ah! l'Ambigu m'a perdue!... (A Tartufe.) Il s'est marié, Monsieur!... il y a deux mois... marié avec une grande dame... et je suis abandonnée, moi!... déshonorée, moi!...

TARTUFE.

Qu'est-ce que ça me fait?

ISOLINE, entrant par la droite, à Tartufe.

Monsieur, je l'ai épousé, il y a deux mois... et le monstre me refuse un châle mouzaïa!... Ah! malheureuse!... malheureuse !

TARTUFE.

Calme-toi, ma charmante Castagnette.

ROSE-BERNARD.

Infortunée Rose-Bernard!

TARTUFE.

Rose-Bernard?... il fallait donc le dire... (Jetant son costume de Tartufe et paraissant sous celui de Denizot.) Oh! alors, ce n'est plus ça. (Imitation de Laurent.) Le voilà, Denizot... le petit Denizot... à vot' service, mam'zelle Rose... Ah! que j' suis donc content d' vous voir !...

ROSE-BERNARD, à Denizot.

C'est drôle... depuis quelque temps, je n'aime plus ce que j'aimais... et j'aime tout ce que je n'aimais pas.

DENIZOT.

Ah! pauvr' fille !

ISOLINE, de l'autre côté, à Denizot.

C'est étrange!... j'avais des désirs que je n'ai plus... et j'ai des fantaisies que je ne devrais pas avoir.

DENIZOT.

Oh! malheur!... malheur!...

ROSE-BERNARD.

Je détestais les cornichons... et, si j'en avais un maintenant, je le croquerais volontiers.

DENIZOT.

Tiens, j'en croquerais bien aussi, moi... avec des côtelettes autour.

ISOLINE.

C'est étrange!... j'adorais mon mari... et maintenant il me semble que j'en aimerais mieux un autre.

DENIZOT.

Ça s'est vu... ça s'est vu...

ROSE-BERNARD.

Je rêve des choses folles... je voudrais embrasser Hyacinthe du Palais-Royal.

DENIZOT.

Oh ! la vilaine!

ISOLINE.

Je ne sais ce que j'éprouve... mais je voudrais mordre quelqu'un.

DENIZOT.

Eh ! pas de bêtises, vous !... pas de bêtises!...

ROSE-BERNARD.

Je suis une jeune fille pure... et, malgré moi, je danse le cancan. (Elle fait quelques pas.)

DENIZOT.

Ah! Rose!... Rose!...

ISOLINE.

Qu'est-ce que ça veut dire?...

ROSE-BERNARD.

Qu'est-ce que ça veut dire?...

DENIZOT.

J' vas vous expliquer ça... ça prouve que le fidèle berger aura de vos nouvelles prochainement... faveurs bleues, si c'est un garçon... faveurs roses, si c'est une demoiselle...

ROSE-BERNARD ET ISOLINE.

Mère! je serais mère!... (Ici on entend un orgue au dehors.)

DENIZOT, se métamorphosant en Maurice. — Imitation de Laferrière.

Cet orgue!... cet orgue!... il est faux!... faites-le taire!... Henriette!... Ils me l'ont enlevée !... Ah! je veux m'abrutir!... je veux noyer mon amour dans des flots d'absinthe!... On me croira fou par amour... je serai fou par l'absinthe!... De l'absinthe!... de l'absinthe!... garçon, de l'absinthe! (Il sort par la gauche.)

SCÈNE IX.

ROSE-BERNARD, ISOLINE, puis PAYSANS et PAYSANNES, puis **POIRIER,** ensuite LA PALOTTE.

ROSE-BERNARD.

Écoutons cette complainte!... elle augmentera mes ennuis.

ISOLINE.

Mon mari me refuse l'Opéra... contentons-nous de l'orgue de Barbarie.

LES PAYSANS, entrant par la droite.

Par ici, le joueur d'orgue!... par ici!... (Musique.)

POIRIER, entrant par la droite, avec la Pâlotte qui traîne l'orgue.

Hue, la Pâlotte!... hue la donc, mon épouse!...

LA PALOTTE.

Ça m'embête!

POIRIER.

Allons donc, faignante!

LA PALOTTE.

Ah! j' pleure en dedans... et j' bois mes larmes.

POIRIER, se mettant derrière l'orgue.

La complainte du fou par amour!

TOUS.

Ah!...

POIRIER.

Allons, ensemble... et de l'âme! (Ils chantent tous deux à la manière des chanteurs des rues, et sans donner d'intention aux paroles. Poirier accompagne avec l'orgue.)

POIRIER ET LA PALOTTE.

Air : *Laissons les roses aux rosiers.*

Dans cette pièce populaire,
Le docteur noir, qu'est un brigand,
M' dit d'enl'ver un fils à sa mère...
Ça rappell' Gen'vièv' de Brabant.
Mais ça ne lui profite guère,
Car on finit par l'escofier.
Et v'là ben c' qui prouve, j'espère,
Qu'il faut, dans tout le monde entier,
Laisser les enfants à leur mère, } *bis.*
Comme les roses aux rosiers.

POIRIER.

Change la manivelle, la Pâlotte... haut l' pied!...

LA PALOTTE.

Ah! j' pleure en dedans... et j' bois mes larmes!

POIRIER.

Faut toujours qu'elle boive quelque chose, celle-là!... pour

lors que c'est mon fils qui trépasse avec la Pâlotte... et que
d' brigand .qu' j'étais, et que je faisais rire, je d'viens honnête
et vertueux, que j'en suis embêtant comme tout! Quant à l'autre
gosse, il ne m'a jamais quitté... et le v'là!... (Il ouvre l'orgue et en
tire un enfant.)

TOUS.

Ah!...

ROSE-BERNARD ET ISOLINE.

Un enfant!... mon enfant!... notre enfant!... ah! (Elles s'éva-
nouissent dans les bras des paysans.)

UN PAYSAN, au fond.

Les chasseurs!... les chasseurs!...

CHŒUR.

Air du Naufrage de la Méduse (PILATI).

Ah! quel événement!
C'est un double évanouiss'ment.
Tous ces drames touchants
Sont pleins de mères et d'enfants.

(Tous sortent par la gauche. — On emporte les deux femmes évanouies.)

SCÈNE X.

LA JEUNESSE, TROIS BRACONNIERS.

PREMIER BRACONNIER, entrant par la droite.

Chut! je suis le Gymnase; en ces lieux je braconne,
Et ma chasse à l'esprit, ce soir, doit être bonne.
La Jeunesse, dit-on, doit passer par ici...
Tendons bien nos filets.

(Regardant à la cantonade.)
Justement la voici.

LA JEUNESSE, entrant par la droite, costume du petit Chaperon-Rouge.

Oui, je suis la Jeunesse; évitant la critique,
Je traverse en tremblant la forêt Dramatique.
Si j'en crois mère grand', ce bois est dangereux...
Les braconniers surtout y sont assez nombreux...
Ils pourraient m'attraper, s'ils me trouvaient seulette,
Portons vite aux Français cette fine galette.

PREMIER BRACONNIER, l'arrêtant.

Halte-là!

LA JEUNESSE.

Juste ciel! un braconnier!

PREMIER BRACONNIER.

Bonjour!..

Je t'attendais, enfant, pour te faire ma cour;
L'odeur de ta galette à la goûter m'engage...
Le Gymnase pourrait s'en régaler, je gage,
Car toujours la galette a flatté mon penchant,
Et tu sais que je loge à côté du marchand.

LA JEUNESSE.

Voulez-vous me laisser, vilain loup!

PREMIER BRACONNIER.

Que dit-elle?

LA JEUNESSE.

Ah! j'éprouve, à vous voir, une frayeur mortelle!..
Vous avez de grands yeux!

PREMIER BRACONNIER.

C'est pour mieux t'éblouir.

LA JEUNESSE.

Et puis de grandes mains!

LE BRACONNIER.

C'est pour mieux t'applaudir.

LA JEUNESSE.

Petite lâcheté!

PREMIER BRACONNIER.

Quoi! vous brisez les vitres?
Petites Lâchetés! oui, c'est un de mes titres.
Mais, avant tout, crois-moi, la Jeunesse me plaît,
Et je prends la Jeunesse, avec ou sans couplet.

LA JEUNESSE.

Au secours! au secours!

DEUXIÈME BRACONNIER, entrant par la gauche.

Halte-là! je vous prie,

La Jeunesse est à moi!

PREMIER BRACONNIER.

Quelle plaisanterie!

DEUXIÈME BRACONNIER.

Je braconne au profit du Théâtre-Français.
(A la Jeunesse.)
Si vous venez chez moi, vous aurez un succès.

PREMIER BRACONNIER.

Quel toupet!

DEUXIÈME BRACONNIER.

Ne crois pas qu'ici je te réponde...
Je ne réponds jamais aux gens du demi-monde.

PREMIER BRACONNIER.

Allons, Jeunesse, allons, suivez-moi, je le veux.

DEUXIÈME BRACONNIER.

Les Français, plus galants, vous adressent leurs vœux.
Venez, c'est aux Français qu'il faut qu'on vous connaisse,
Car les Français, toujours, ont besoin de Jeunesse.

PREMIER BRACONNIER.

Seul, je puis, chère enfant, te sauver des écueils.
Faut-il, pour te charmer, te montrer mes fauteuils?
(Il tire deux petits fauteuils de sa gibecière.)
Vois ces échantillons; je vous mettrai, ma mie,
Dans des meubles lampas, et tout crin...

DEUXIÈME BRACONNIER.

Infamie!

Mais tu ne crains donc pas, habile directeur,
Qu'on t'appelle demain commissaire-priseur?
PREMIER BRACONNIER.
Laisse là ce don Juan qui me garde rancune,
Songe aux brillants succès dont j'ai fait la fortune !
Aux beaux esprits, chez moi, j'élève un panthéon.
TROISIÈME BRACONNIER, entrant vivement par la gauche.
La Jeunesse, de droit, revient à l'Odéon!
TOUS.
L'Odéon !
TROISIÈME BRACONNIER.
Oui, lui seul peut faire, avec ivresse,
Par un jeune public applaudir la Jeunesse.
LA JEUNESSE.
Puisqu'entre trois larrons il me faut faire un choix,
C'en est fait, je me donne... au plus jeune des trois.
A l'Odéon, d'ailleurs, je serai plus tranquille ;
Car, dans cette oasis, loin du bruit de la ville,
La Jeunesse n'a pas à craindre les hasards.
TROISIÈME BRACONNIER.
Et tu pourras, gratis, passer le Pont des Arts.
LA JEUNESSE.
J'accepte de grand cœur ton offre hospitalière...
Partons... je n'aurai pas la maison de Molière,
Les fauteuils du Gymnase et ses divans soyeux ;
Mais j'aurai le repos qui me conviendra mieux...
Et j'espère briller comme la belle Arsène,
Quand par monsieur Fechter je serai mise en scène.
Partons !
TROISIÈME BRACONNIER.
Elle est à moi! ce soir, incognito,
Je t'invite à souper.
LA JEUNESSE.
Où donc?
TROISIÈME BRACONNIER.
Chez Flicoto.
DEUXIÈME BRACONNIER.
Flicoto! le manant!.. comme il traite les dames!
PREMIER BRACONNIER, à lui-même.
Et n'avoir pu pincer les fausses bonnes femmes!
(Ils sortent de différents côtés.)

SCÈNE XI.

JOCONDE, puis LE COMTE ROBERT.

JOCONDE, entrant par la gauche.
Air de *Joconde.*

J'ai longtemps parcouru le monde,
Et l'on m'a vu de toutes parts.
Tout l'univers connaît Joconde :

Il a couru tant de hasards!
C'est de la très-vieille musique;
Mais enfin, l'Opéra-Comique
Ne trouve rien de plus nouveau,
     De plus beau (*bis.*)
  Que le rococo;
    Le rococo
   Lui semble beau.
Pour lui le vieux seul est nouveau;
Bravo! bravo! bravissimo.
Rien de beau que le rococo!
Bravo! bravo! bravissimo!
C'est du maëstro Nicolo.
Cherchant en vain des opéras comiques,
Notre théâtre, en théâtre malin,
A remonté les ouvrages classiques:
Jean de Paris, et Jeannot et Colin. (*bis.*)
  En les reprenant à la ronde,
  Arrive le tour de Joconde.
  C'est toujours jeune, toujours beau... } *bis.*
  Et qu'importe un public nouveau...   }
Si j'ai longtemps parcouru le monde,
  Si l'on m'a vu de toute part,
  Courtiser la brune et la blonde,
  Aimer, voltiger au hasard.
  Ah! vive la vieille musique!
  Maintenant l'Opéra-Comique
  Ne trouve rien de plus nouveau,
     De plus beau
    Que le rococo.

LE COMTE ROBERT, entrant par la droite.

Ah! voilà une aimable philosophie, foi de troubadour! Joconde, l'idée de la félicité pure que donne l'union de deux cœurs vertueux, de ce calme enchanteur qui succède aux orages de la vie, porte dans mon âme je ne sais quelle ivresse inconnue que je ne connais pas, foi de troubadour.

JOCONDE.

Ah! comte! vous voulez vous *moquer*... (Prononcez : *mokre.*)

LE COMTE ROBERT.

Eh bien! oui, je m'en *mokre!*... votre maîtresse vous trompe.

JOCONDE.

Croyez-vous la vôtre plus fidèle?

LE COMTE ROBERT, qui a fait un mouvement, chantant.

Ma maîtresse sera fidèle,
Et la tienne va m'écouter.
Non, non, je n'en saurais douter....

Parlé.) J'en ai la fatuité...

JOCONDE, montrant une écharpe.

Connaissez-vous cette écharpe?

LE COMTE ROBERT, vexé.

Mon écharpe! Et vous, ce chiffre amoureux qu'Édile vous destinait? (Il montre un médaillon.)

JOCONDE.

Mon chiffre!

LE COMTE ROBERT.

La perfide!

JOCONDE.

La volage! vengeons-nous!

LE COMTE ROBERT.

Oui, sur toutes les jeunes filles sages qui auront mérité la rose. (Musique.)

JOCONDE, regardant à droite.

Justement, j'aperçois une jeune rosière de 1811.

LE COMTE ROBERT.

L'année de la comète... bigre!

JOCONDE.

Attention, la voici!

SCÈNE XII.

LES MÊMES, JEANNETTE.

JEANNETTE, entrant par la droite en sautillant d'un air prétentieux.

Air : *Dans un amoureux délire.*

Innocente bachelette,
J'ai trois amants à la fois.
Et, tour à tour, en cachette,
Je les trompe tous les trois.
Jusqu'au vieux bailli qui pose
A qui que j' fais voir le tour!
Dame, pour avoir la rose,   } *bis.*
Il faut rendre amour pour amour.   }
Il faut rendre amour pour amour. (*bis.*)

(Joconde et le comte Robert se rapprochent de Jeannette. — On aperçoit au fond un petit paysan qui semble chercher Jeannette, et qui se cache en la voyant en compagnie.)

JEANNETTE, l'apercevant.

Ciel! quelqu'un du village! vous allez compromettre l'innocente vertu de ma naïve candeur... Fichez-moi le camp tout de suite!... Songez que j'ons pétitionné pour avoir la rose, et que la rose sur le sein d'une jeunesse, ça veut dire : N'y touchez point, ou gare les griffes!

LE COMTE ROBERT.

Ah! voilà bien la vertu antique, foi de troubadour!

JEANNETTE, donnant un fort coup d'épaule au comte.

Allez m'attendre autre part... j'irai vous y *rejoigner*.

LE COMTE ROBERT.

Hein?... ah! bien, j'y vais...

JEANNETTE.

Et vous, petit, attendez-moi z-ailleurs... n'importe où... j'irai vous y *rejoigner*.

JOCONDE, à part.

Bravo!

Air : *Quand on attend sa belle.*

Quand on attend sa belle,
Que l'attente est cruelle!
Voilà ce que je dis
Depuis mil huit cent dix.

LE COMTE.

Quand on attend sa belle,
Que l'attente est cruelle!
Et que c'est embêtant
De l'attendre en chantant!

JEANNETTE.

On dit que je suis belle...
Mais ma tante est cruelle,
Et dit qu'il ne faut pas
Fair' le moindre faux pas.

ENSEMBLE.

Oui, c'est même embêtant
De l'attendre en chantant.

(Le comte sort par la droite, Joconde par la gauche.)

SCÈNE XIII.

JEANNETTE, LUCAS, puis JOCONDE et le COMTE ROBERT.

JEANNETTE, à Lucas, qui est resté au fond.

Pstt! pstt!... Petit Lucas, viens ici. Viens, mon trognon. (Lucas accourt.)

LUCAS, avec tendresse.

Vous n'étiez pas seule?...

JEANNETTE.

J'étais t-avec deux flandrins de seigneurs qui voulaient batifoler z-avec moi, mais je t'aime mieux *qu'eusse*... Entends-tu, petit gueux-gueux, je t'aime mieux qu'eusse!

LUCAS.

Merci ben, Mam'zelle...

JEANNETTE.

N'en dis pas plus... je ne te comprends que *troppe*. Prends ma main, petit Lucas, et presse-la fortement... sur ton sein.

LUCAS.

Comment! vous permettez?

JEANNETTE.

Mais va donc! puisque je te fais une invite à cœur... mais va donc, galopin!

LUCAS.

Ah! que vous êtes bonne!

JEANNETTE.

N'es-tu pas mon petit fiancé?. . tu es *t-à* moi, comme je suis *t-à* toi... nous avons le droit de nous dérober des petits bécots... mais dérobe donc, petit faignant. Tiens, v'là comme on fait. (Elle l'embrasse.)

LUCAS.

Oh! la, la! on nous a vus! (Il se sauve par la gauche.)

LE COMTE ROBERT ET JOCONDE, qui sont entrés au moment du baiser.

Ah bah!

JEANNETTE, interdite.

Ah! nom d'un chien!... mes beaux seigneurs, n'allez point croire...

JOCONDE.

Grosse fûtée!

JEANNETTE.

C'est point ma faute... la, vrai!..

LE COMTE ROBERT.

Drrrrôlesse!...

JOCONDE.

Ah! tu veux avoir la rose! et tu embrasses les garçons.

JEANNETTE.

Eh bien, quoi?... après tout. C'est mon promis.

LE COMTE ROBERT.

Oui, cela promet! (Ritournelle de l'air suivant.)

JOCONDE.

Justement voilà la scène du couronnement... (A Jeannette.) Elle arrive bien.

SCÈNE XIV.

LES MÊMES, moins LUCAS, LE BAILLI, PAYSANS ET PAYSANNES
arrivant en dansant par la gauche.

JOCONDE, regardant les paysannes qui balancent leurs bouquets et font des grâces très-gauchement, à part.

Comme c'est opéra-comique! (Jeannette s'agenouille sur un coussin qu'une jeune fille a apporté devant le trou du souffleur; le bailli conduit Jeannette. Joconde a pris la couronne qu'on lui a présentée sur un coussin de velours.)

JOCONDE, à Jeannette.

Puisque vous êtes la plus sage
Des fillettes de ce village,
De la rose je vous fais don.
(Il lui met la couronne sur la tête.)

JEANNETTE.

Prenez bien garde à mon chignon.

LE COMTE.

De notre main reçois ce gage.

JOCONDE.

Mais, si vous êtes la plus sage,
Les autres que sont-elles donc ? (*bis.*)

JEANNETTE, parlé.

Elles ne valent pas cher!... (A ce moment, des coups de feu se font
entendre. Tout le monde se sauve avec frayeur. Jeannette tombe la tête dans le
trou du souffleur. Deux paysans viennent la tirer de ce mauvais pas et se sauvent. Jeannette se sauve à son tour comme une folle. — Musique.)

SCÈNE XV.

JACK SHEPPARD, puis LE CHARIVARI, puis MADAME SHEPPARD.

(Un coup de feu, puis on voit paraître Jack Sheppard au fond, à droite.)

JACK SHEPPARD.

Manqué! Je leur échappe!... Poursuivi par les limiers de Jonathan Wild, je leur glisse dans les doigts! Ils ont fait fermer
l'asile de la Vieille-Monnaie!... Je n'ai plus d'asile et je n'ai plus
de monnaie. (Rejetant sa tête en arrière.) Je m'en fiche!... Que
peut-on me reprocher?... Je suis un adorable coquin, un honnête voleur, un vertueux bandit... (Ici le Charivari apparaît sur la
montagne.) Ciel! le Charivari!... feignons l'ivresse! (Il s'assied près
d'une table qu'on a posée à droite et sur laquelle il y a un pot et un gobelet.)

LE CHARIVARI, venant en scène, à part.

N'est-ce pas là une des mauvaises pièces que nous poursui-
vons?

JACK, qui s'est versé et qui a bu, jouant l'ivresse.

Eh bien, quoi?... eh bien, oui... je suis Sheppard... Jack
Sheppard!

LE CHARIVARI.

Jack Sheppard!

JACK.

L'illustre chef des chevaliers du brouillard! (Se levant.) Chapeau bas!

LE CHARIVARI.

Le succès de la Porte-Saint-Martin... ajustons-le! (Il le couche
en joue.)

JACK, relevant le canon du fusil en riant.

Voyons... parce que j'ai bu un peu de ginn... n' faut pas

m'abattre pour ça... Tiens! c'est madame Wood! Bonjour, ma bonne madame Wood! (Il se rassied et boit.)

LE CHARIVARI, à part.

Est-il vraiment gris?... (Musique. — Apercevant madame Sheppard qui descend la montagne.) Nous allons le savoir... voici sa mère. (Entre madame Sheppard par la droite.)

JACK, à part, et l'apercevant.

Ciel!... ma mèèèèère!

MADAME SHEPPARD, à elle-même, sur le devant de la scène.

Suis-je réellement folle... ou ne le suis-je pas?... Si je suis folle, pourquoi me faire déraisonner pendant cinq actes... Si je ne suis pas folle, pourquoi me faire dire des bêtises pendant cinq heures?

LE CHARIVARI, qui épie tous les gestes de Jack, à part.

Allons, essayons! (Haut à madame Sheppard.) Bonjour, madame Sheppard...

MADAME SHEPPARD, à part.

Ciel! mon persécuteur!

LE CHARIVARI.

Eh bien, Jack, tu n'embrasses pas ta mère?...

MADAME SHEPPARD, allant tomber à genoux près de Jack.

Jack! mon fils!... c'est moi!.. ta mère!.. Je suis sa mère, Monsieur!

JACK.

Tiens! c'est encore madame Wood! J'ai soif, ma bonne madame Wood!

MADAME SHEPPARD, se relevant.

Malédiction! il est casquette!

LE CHARIVARI, à part.

Ah! je forcerai bien Jack à se trahir... (Haut.) Savez-vous, madame Shepppard, que vous êtes joliment conservée!..

MADAME SHEPPARD, avec pudeur.

Monsieur!... (Elle croise les bras sur sa poitrine.)

LE CHARIVARI.

Non, vrai... vous êtes un beau brin de femme! (Il lui prend la taille.)

MADAMESHEPPARD.

Mon fils!... on outrage ta mère!!!

JACK, s'oubliant.

Hein!... (Mais se remettant tout à coup, en remarquant que le Charivari l'observe.) Cette pauvre madame Wood!.. qui se laisse conter fleurette!

MADAME SHEPPARD, avec douleur.

Ah!...

JACK, à part.

Quelle situation empoignante!

LE CHARIVARI.

Bah! je vais vous embrasser!

JACK, bondissant.

Tonnerre du Diable!...

LE CHARIVARI.

Qu'est-ce que c'est?

JACK, riant aux éclats.

Ah! ah! ah! ah! ah! ah!... Il a insulté madame Wood!... Je ne veux pas qu'on insulte madame Wood!... Je l'estime, moi!... je la respecte, moi!... je l'aime, moi!... Allez-vous en, madame Wood... allez vous coucher!... (Chantant.)

Dans la vieille Angleterre,
Viv' le ginn et les pomm's de terre!

(Il se rassied.)

MADAME SHEPPARD.

Ah! le galopin! il est *saoul! saoul* comme un Polonais!

LE CHARIVARI.

Je suis assez bon enfant pour croire qu'il est gris... profitons de ma bêtise pour lui laisser jouer une scène avec sa mère. (Il sort par la gauche.)

MADAME SHEPPARD.

Laisser insulter sa mère!... Ah! je ne l'eusse jamais cru !

JACK, se levant.

C'est une ruse, ma mèèère! O ma mèèèèère, si tu savais comme je t'aime!

MADAME SHEPPARD.

Que dit-il?... il se pourrait...

JACK.

Oh! oui! oh! oui! je suis un chenapan, mais j'ai une mère! J'ai la gredinerie de mon père, mais j'ai le cœur de ma mère!

MADAME SHEPPARD.

Mon enfant! mon enfant! car tu es mon enfant... toi? (Elle le serre dans ses bras.)

JACK.

Oui, je suis l'enfant de ma mère.

MADAME SHEPPARD.

Et de ton père aussi, malheureusement. (Jack la fait asseoir près de la table.)

JACK, la balançant dans ses bras; il est à genoux près d'elle.

Ah! ne dites pas ça, ma mèèèèère! vous êtes si bonne, ma mèèèèère, et je vous aime tant, ma mèèèère!

MADAME SHEPPARD.

Oh! il me donne le mal de mer! (On entend les sons du cor.)

JACK, se relevant.

On vient... sauvez-vous !

MADAME SHEPPARD, se levant.

Mais toi, mon fils?

JACK.

Je reste, ma mère.

MADAME SHEPPARD.

Adieu, mon fils.

JACK SHEPPARD.

Adieu, ma mère.

MADAME SHEPPARD, à part.

Oh! mon Dieu! qu'est-ce qu'il m'a dit?.. un cheval!.. une barque!.. A la barque!.. à la barque!.. oh! je ne sais plus!.. je ne sais plus!.. (Elle sort à droite.)

JACK SHEPPARD, qui a été regarder, au fond, à droite.

Qu'ai-je vu!.. c'est le Figaro, il arrive de Cabourg, il s'apprête peut-être à critiquer mon auteur... il ne passera pas!.. (Le Figaro entre par la droite, avec un manteau et suivi d'un commissionnaire portant une malle, qu'il vient déposer au milieu du théâtre. Jack est sorti un instant par la gauche. — Il revient aussitôt portant un manteau et un chapeau semblables à ceux du Figaro; une épée est suspendue à sa ceinture.)

SCÈNE XVI.

JACK, LE FIGARO, UN COMMISSIONNAIRE.

LE COMMISSIONNAIRE.

C'est joliment lourd, mon jeune seigneur... Est-ce loin encore? (On a enlevé la table.)

LE FIGARO.

Tu vas porter cette malle au bureau du journal, elle renferme des canards.

JACK, rentrant et au commissionnaire.

Tu vas porter cette malle au bureau du journal, elle contient des canards.

LE FIGARO.

Comment?

JACK.

Comment?

LE FIGARO.

Vous disposez de ma malle?

JACK.

Vous disposez de ma malle?

LE FIGARO.

Qui êtes-vous?

JACK.

Et vous?

LE FIGARO.

Je suis le Figaro!

JACK.

Le Figaro, c'est moi!

LE FIGARO.

Vous mentez!

JACK.

Vous mentez!

LE FIGARO, *jetant son manteau et mettant l'épée à la main.*
Nous allons voir!

JACK, *de même.*

Nous allons voir! (*Le commissionnaire emporte la malle d'un air effrayé, et se sauve par la gauche.*) Je dois vous avertir qu'un cordonnier italien de mes amis, m'a montré deux bottes secrètes... la première désarme, la seconde tue.

LE FIGARO.

Il y a des bottes qui ont des revers.

JACK.

Oh! que c'est mauvais!... en garde! (*Le duel s'engage. Jack désarme le Figaro.*) Désarmé!.. j'ai désarmé la critique! voulez-vous me laisser votre malle?...

LE FIGARO.

Tu me fais mal!

JACK.

Oh! cette calembredaine te coûtera la vie!... (*Le Figaro ramasse son épée.*) Passons à la seconde botte. (*Ils ferraillent de nouveau. — Le Figaro reçoit un coup d'épée.*)

LE FIGARO.

Je suis blessé!... mais je vais aller tomber dans la coulisse, pour ne pas embarrasser le théâtre. (*Il sort par la gauche. — La nuit vient peu à peu.*)

JACK, *seul.*

Il va prévenir Jonathan... je vais être cerné dans ce fourré... je suis perdu, si Boutin ne me tend pas la perche!... (*Appelant.*) Boutin!... Boutin!... (*Ici une échelle de corde descend du cintre.*) Que vois-je?... c'est l'échelle de Latude ou celle du bois de Vincennes... n'importe, elle peut resservir encore... c'est toujours la même ficelle. (*Il se met à grimper. — On entend les sons du cor.*) Oui, oui, sonnez, cors et musettes!... je me la brise dans les frises... un tour de gymnastique, pour remplacer le vaisseau du fils de la nuit!... Enlevé le succès!... bonsoir, les amis!... (*Il disparaît dans le cintre. — A peine a-t-il disparu, que des nuages épais tombent du cintre avec ces mots : Brouillard anglais. — Toutes les nouveautés entrant au milieu du brouillard, et portent elles-mêmes chacune un petit nuage.*)

SCÈNE XVII.

TOUTES LES NOUVEAUTÉS; puis LANDRICHE; ensuite JEANNETTE.

CHOEUR.

Air : *Ça devrait se taire, paix!*

Profitons du brouillard,
Pour fuir la critique,
Et sauvons-nous quelque part,
Comme a fait monsieur Scheppard.

LANDRICHE, accourant à cheval, par le fond, à gauche.

Impossible de fuir... la forêt est cernée... mais l'Hippodrome et le Cirque mettent leurs chevaux à notre disposition. Déjà une partie des nôtres est à cheval. — Si nous pouvons gagner le palais de la Réclame, nous sommes sauvés. Allez, les chevaux vous attendent à la fourche de Cassé-cou, sur le chemin de Va-te-faire-fiche. C'est à deux pas, hâtez-vous!

TOUS.

Courons! (Ils sortent par la gauche. — La nuit devient complète.)

LANDRICHE, seul.

Grand Dieu! au brouillard succède la nuit!...

JEANNETTE, entrant à cheval par la gauche.

Sauve qui peut! sauve qui peut!

LANDRICHE.

Qu'y a-t-il?

JEANNETTE.

Il y a que les chasseurs sont à nos trousses... il ne respectent plus rien... pas même l'innocence, les Savoyards!... (Sons de cor.) Les entendez-vous?... sauve qui peut!...

ENSEMBLE.

Sauve qui peut! (Toutes les nouveautés entrent à cheval, poursuivies par les chasseurs, également à cheval.)

SCÈNE XVIII.

LANDRICHE, JEANNETTE, LE FIGARO, LE CHARIVARI,
TOUTES LES NOUVEAUTÉS, PIQUEURS.

(Grande chasse. — A la fin de cette chasse, toute la critique, sur une seule ligne, tient les nouveautés en échec.)

LANDRICHE.

Il faut nous ouvrir un passage!... suivez-moi! et au palais de la Réclame!

TOUS.

Au palais de la Réclame!... (Nouvelle bousculade. — Le théâtre se vide et la forêt se transforme en palais de la Réclame.)

DIXIÈME TABLEAU.
Le palais de la Réclame.
—

SCÈNE PREMIÈRE.

LA RÉCLAME, TROIS PAGES.

(La Réclame entre par la gauche, accompagnée de deux pages.)

LA RÉCLAME.

On a frappé aux portes de mon palais... Encore de nouveaux solliciteurs, sans doute?

UN PAGE, qui vient d'entrer par le fond.

Non, Madame, ce sont les petits prodiges, qui demandent à remercier la Réclame de tout ce qu'elle a fait pour eux.

LA RÉCLAME.

Qu'ils soient introduits! (Le page remonte et fait un signe. — Les petits prodiges, femmes, entrent par le fond et défilent devant la Réclame, en jouant du mirliton, puis ils s'arrêtent sur deux rangs.)

SCÈNE II.

LES MÊMES, LES PETITS PRODIGES.

PREMIER PETIT PRODIGE.

Air de *Saltarello.*

Merci, madame
La Réclame ;
Grâces à toutes vos bontés,
De la critique
Dramatique
Nous fûmes les enfants gâtés.

DEUXIÈME PETIT PRODIGE.

D'après le titre de la pièce,
Nous sommes des prodiges tous ;
Mais les articles de la Presse
Sont plus prodigieux que nous.

TROISIÈME PETIT PRODIGE.

Vos articles font tant d'esbrouffe,
Qu'à ses diners quotidiens
Jamais le Parisien ne bouffe,
Pour aller aux Bouff's-Parisiens.

QUATRIÈME PETIT PRODIGE.

Jamais Corneille, ni Molière...

CINQUIÈME PETIT PRODIGE.

Jamais ni Talma, ni Rachel...

SIXIÈME PETIT PRODIGE.

N'obtinrent de la presse entière

Un succès plus universel!
LA RÉCLAME.
Chut! de mes bontés on me blâme,
Car ceux qui vous connaissent bien
Disent partout que la Réclame
A fait beaucoup de bruit pour rien.
TOUS LES PETITS PRODIGES.
Merci, madame
La Réclame; etc.

LA RÉCLAME, passant au milieu.
Ainsi, mes chères petites, vous êtes contentes de moi?...
PREMIER PETIT PRODIGE.
Oui, madame la Réclame, bien gentille, bien douce, bien in-
dulgente...
DEUXIÈME PETIT PRODIGE.
Et bien bruyante!.. Elle a trompetté partout le grand succès
des petits prodiges!
TROISIÈME PETIT PRODIGE.
Elle nous a tambouriné dans tous ses feuilletons.
QUATRIÈME PETIT PRODIGE.
Rantamplan! rantamplan! rantamplan!... Entrez, entrez,
Messieurs, Mesdames!...
CINQUIÈME PETIT PRODIGE.
C'est l'instant!... c'est le quart d'heure!... suivez la foule!..
SIXIÈME PETIT PRODIGE.
Rantamplan! rantamplan!
TOUTES.
Rantamplan! rantamplan!...
DEUXIÈME PETIT PRODIGE, pleurant.
Hi! hi! hi! hi!...
LA RÉCLAME.
Ah! mon Dieu! qu'est-ce qu'elle a?
DEUXIÈME PETIT PRODIGE, pleurant toujours.
Le directeur n'a pas mis mon nom en grosses lettres sur l'af-
fiche!... hi! hi! hi! hi!
TOUTES, criant et se moquant d'elle.
Oh! oh! oh!...
LA RÉCLAME.
Ah!... assez!... assez!... Prenez garde... vous nous rappelez
les enfants terribles, un enfantillage qui a bien inspiré vos au-
teurs.
PREMIER PETIT PRODIGE.
Ah! si nous ne rappelions que ça!
LA RÉCLAME.
Voyons, mes petits enfants, dites-moi toute la vérité... à votre
âge, on ne ment pas... Êtes-vous vraiment aussi neufs, aussi
drôles, aussi originaux qu'on veut bien le dire?

DEUXIÈME PETIT PRODIGE, riant aux éclats.

Ah! ah! ah! ah! (Toute honteuse, elle passe à droite.)

LA RÉCLAME.

Voyons... répondez.

PREMIER PETIT PRODIGE.

Eh bien! Madame...

Air : *Turlututu* (PARIS QUI DORT. — J. NARGEOT).

> Si le succès nous accompagne,
> Nous n'y parvenons, en ce jour,
> Qu'en imitant monsieur *Lassagne*,
> Dans le *Royaum' du calembour.*
> Turlututu! (*bis.*)
> Comm' lui chacun d' nous est vêtu,
> Turtututu!

TOUTES.

> Turlututu! (*bis.*)
> Turlututu, chapeau pointu!

PREMIER PETIT PRODIGE.

> Je dout' que rien nous appartienne :
> C'est aux variétés encor
> Qu' nos auteurs, pour avoir moins d' peine,
> Ont chipé dans *Paris qui dort...*
> Turlututu! (*bis.*)
> C'est là qu'ils ont pris leur turlu...
> Turlututu!

TOUTES.

> Turlututu! (*bis.*)
> Turlututu, chapeau pointu!

(Après ces couplets on entend en dehors un roulement de tambour et un coup de cymbales.)

LA RÉCLAME.

Qu'est-ce encore?

LE PAGE, qui était sorti, rentrant par la gauche.

Madame, ce sont toutes les nouveautés dramatiques, qui viennent se réfugier dans le palais de la Réclame.

LA RÉCLAME.

Faites entrer. (Le page va au fond et introduit toutes les nouveautés, qui entrent par la gauche et défilent, musique en tête, devant la Réclame.)

SCÈNE III.

LES MÊMES, TOUTES LES NOUVEAUTÉS.

(Ici, grand concert exécuté par les Nouveautés Dramatiques. Ce concert se termine par l'air des petits agneaux joué très-bruyamment. — Pendant cet air, une pancarte descend du cintre. — On y lit en gros caractères :)

Ohé! les p'tits agneaux,
La farce est finie.
Si nos flots d'harmonie
Troublent les échos,
Par mille bravos
Couvrez ce bruit qui vous assomme,
Et soyez doux comme
Des petits agneaux.

FIN.

LAGNY. — Imprimerie de VIALAT.

www.ingramcontent.com/pod-product-compliance
Lightning Source LLC
LaVergne TN
LVHW010231060726
842519LV00014B/955